사막 · 석유 · 테러 · 이슬람의 나라들

지식과세상 4

# 사막·석유·테러·
# 이슬람의 나라들

박찬석 지음

도서출판 **참**

지식과세상 4

# 사막 · 석유 · 테러 · 이슬람의 나라들

**초판1쇄 인쇄** 2021년 12월 24일
**초판1쇄 발행** 2021년 12월 31일

**지은이** | 박찬석
**펴낸곳** | 지식과세상 사회적협동조합
**주소** | 대구시 수성구 수성로 334
**전화** | 053) 287-3339
**편집디자인 · 출판** | 도서출판참 053)256-6695

ⓒ 박찬석 2021
ISBN 979-11-87023-22-7
책값은 뒤표지에 있습니다.

## 머리말

사회적협동조합 〈지식과세상〉은 시리즈로 작은 책자를 출간하고 있습니다. 네 번째 책으로 사막·석유·테러·이슬람의 나라들이 선정되었습니다.*

서아시아의 자연은 특별합니다. 따지고 보면 지구상에 있는 국가마다 특별하지 않는 국가는 없습니다. 엄격하게 말하면 한 치의 땅도 같은 곳이 없습니다. 기온, 습도, 기압이 다르고 지형이 다릅니다. 땅위 서식하는 식물과 동물이 모두 다르고 그 생태계에 의존하고 살아가는 인간이 모두가 다른 것은 결국 땅의 이치, 지리(地理)가 다르기 때문입니다. 서남아시아에도 고유한 기후와 지형이 있습니다. 일괄해서 말할 수는 없지만, 세계의 지붕이라는 파미르고원이

---

* QR코드를 통해서 저자의 생생한 강의와 함께 하실 수 있습니다.

있고, 세계에서 가장 넓은 건조 지역 또한 여기에 있습니다. 사막에 사는 사람들은 유목과 목축을 하는 문화가 있습니다. 서남아시아에서 태어난 유대교, 기독교, 이슬람교는 유목민의 종교입니다. 유목생활의 전통과 문화가 종교 속에도 깊게 배어 있습니다.

20세기 전까지만 하더라도 서남아시아 문명은 유럽문명에 앞섰고, 유럽문명을 태동시킨 것도 인더스 문명과 메소포타미아 문명입니다. 20세기에 들어와서 산업혁명을 늦게 받아들인 탓에 서구열강에 뒤져, 침략을 받았고 아직도 그 후유증에 시달리고 있습니다. 또 석유가 산출되는 지역입니다. 석유는 20세기 문명을 일으킨 결정적 에너지 자원입니다. 막대한 부를 가져다주기도 합니다. 산유국들은 어디를 막론하고 석유를 탐내는 강대국 때문에 전쟁에 휘말리게 되었습니다. 강대국의 침략을 받으면 억울하고 원한이 맺힙니다. 원한을 갚기 위하여 국제사회에서 용인되지 않는 수단으로 보복을 합니다. 우리는 그들을 테러라고 합니다. 테러를 하는 쪽만 나무 랄 수가 없는 이유입니다.

세계 여러 나라를 섭렵하면서 어떤 나라는 잘살고 어떤 나라는 자연 조건이 좋은데도 못사는 나라인가를 보았습니다. 『왜 국가는 실패하는가?』(Why nations Fail, 1912)에서 저자는 첫째 요인을 정치라고 했습니다. 서남아시아 터키, 파키스탄, 이란, 이라크, 시리아, 요르단은 1970년 이전만 해도 한국보다 잘 살던 나라들이었습니다. 독립 후 민족지도자들은 모두가 조국의 근대화를 부르짖고 산업화를 추진했습니다. 그러나 모두 주저 앉고 말았습니다. 반세기가 지난 지금 하나같이 잘사는 나라가 없습니다. 결국 정치였습니다. 근대화를 밀어주는 정치제도 민주주의가 뒷받침 되어야 했습니다. 또 하나의 특징은 군부의 비대입니다. 완력을 키우면 싸우고 싶은 마음이 생깁니다. 국방력이 비대해지면 이웃 간에 분쟁을 일으키고, 안으로 군은 내정 간섭을 합니다. 결국 쿠데타로 이어졌지요. 파키스탄도 터키도 같은 길을 걸었습니다.

'세계지리 산책'을 사회적협동조합〈지식과세상〉에서 강의하고 있습니다. 필자가 강의를 합니다. 강의 내용은 주간지 내일신문에 '박찬석의 세계지리 산책'이란 제목으로 연재하고 있습니다. 2003년 영남일보에 게재하기 시작하여 내일신문(대구판)에 19년간 게재하고 있는 내용입니다. 2008년부터 반월당에 있는 삼성생명 빌딩에서 시작하여 범어 도서관에서도 강의를 했습니다. 저는 경북대학교 사회대에서 지리학을 32년 동안 강의를 했습니다. 『박찬석의 세계지리 산책』(2007), 『박찬석의 세계지리 산책 1, 2』(2013), 『러시아와 그의 이웃나라들』(2020)을 출간했습니다. 매주 하는 강의와 신문에 게재된 내용을 보완하여 이 책을 출판하게 되었습니다.

한정된 지면에 한정된 정보로 해석했습니다. 텍스트는 영어로된 Wikipedia에서, 지도는 구글맵에서 검색하면 더 많은 정보를 얻을 수 있습니다. 정보검색을 위하여 가능한 영어를 병기했습니다. 참고하시기 바랍니다.

작은 책이지만, 혼자 힘으로 만들어진 게 아닙니다. 많은 분들의 도움을 받았습니다. '세계지리 산책'을 강의 하도록 공간을 제공 해주신 사회적협동조합 〈지식과세상〉 김민남 이사장님에게 먼저 감사의 인사를 드립니다. 까다로운 지도 작업을 마다 않고 출판을 맡아 주신 윤지현 사장님에게 감사를 드립니다. 세계지리 산책 강의를 하는 동안 회원들에게 커피를 제공해 주시고 동영상 제작을 하고, 행정 서비스를 해 주신, 사회적협동조합 〈지식과세상〉의 정한숙 선생, 홍순환 선생, 김우현 연구원에게 감사를 표 합니다. 또 지리 산책 강의 총무를 맡아 회원 간에 소통을 하고, 원고 교정을 해 주신 박연우 선생에게 감사한 마음을 드립니다. 끝으로 언제나 헌신적인 내조를 해 주신 반려자 이명자 여사에게 고마움을 전합니다.

2021년 12월
박찬석

**차례**

머리말 ····················································· 5

프롤로그 ················································ 12
1장 탈레반(아프가니스탄) ······················ 19
2장 카라코룸 하이웨이 (파키스탄) ··········· 37
3장 부토 여사 ········································ 51
4장 페르시아(이란) ································ 60
5장 이란과 한국과의 관계 ······················ 72
6장 이라크 전쟁(이라크) ························ 84
7장 메소포타미아 ·································· 98
8장 IS는 누구인가? ······························ 112
9장 쿠르드 족 ······································ 120
10장 터키 ············································ 137
11장 레반트(시리아) ····························· 152

12장 이스라엘(1) ················· 168
13장 이스라엘(2) ················· 189
14장 사우디아라비아 ················· 209
15장 UAE와 쿠웨이트 ················· 243

에필로그 ················· 280
기획시리즈 발간에 부쳐 ················· 282
색인 ················· 285

# 프롤로그

    서아시아는 사막이고, 산유지역이고, 이슬람 국가들이다. 전쟁, 테러, 내전으로 얼룩진 곳이다. 유럽 어느 나라도 이슬람 이민을 선 뜻 받으려 하지 않는다. 이슬람포비아가 있다. 세계가 기피하는 지역이다. 한 지리학자의 눈으로 서남아시아 지역을 답사했다. 여행을 해본 곳도 있고, 못해본 곳도 있다. 다녀왔다고 해도 그 나라를 아는 것은 아니다. 시간적 연구도 하고 공간적 연구도 해야 한다. 방문하는 날씨가 그 나라의 평균 날씨가 아니다. 세계에서 가장 추운 곳 러시아 사하공화국 2021년 7월 어느 하루 기온이 40도에 이르렀다. 사하공화국의 날씨가 아니다. 하루 이틀의 방문으로 그 나라 기후를 알 수 없다. 오래 살아 봐야 안다. 기후를 보려면 주변에 자라는 식생을 보아야 한다. 우리는 우리의 문화가 보이지 않는다. 너무 생활에 익숙하기 때문이다. 다른 나라에 가면 다른 문화가 보인다. 날씨도 지형도 사는 사람을 봐야 그 나라 문화가 보인다. 한국과는 가장 다른 나라들을 산책했다.

지리적으로 서아시아라고 말하지만, 국경과 같은 선(line)의 개념은 아니다. 아시아 대륙의 서쪽에 자리 잡고 있는 면(area)의 개념이다. 서남아시아 인구는 세계인구 7.6%, 6억명이고, 면적은 7백8만㎢, 세계 육지 면적의 5.8%이다. 제라드 다이아몬드는 '초생달 비옥한 땅(crescent fertile)'이라 했다. 고대 인류 문명이 일어난 곳이다. 왜 여기에서 문명이 발생했을까? 사막에 강이 흐르기 때문이다. 건조지역에 물이 흐르는 지역은 어디를 막론하고 좋은 땅이다. 여기는 건조지역이고 사막이다. 중위도 고기압 대이다. 적도지방에서 올라간 상승 기류는 중위도에서 하강하여 지표면의 습기를 흡수해 사막화가 되었다. 지구상에 가장 넓은 사막이 분포하는 곳이다. 사막에 어떻게 문명이 발생 할 수 있었을까? 건조한 사막엔 소금이 있고, 건조하여 병균이 번식하지 못하고, 음식물은 쉽게 부패하지 않는다. 농사를 짓기 쉽다. 하천 충적지는 비옥하다. 사막이므로 일조량이 풍부하다. 물만 있으면 농사가 잘된다. 농사가 잘되면 가축을 사육하기 쉽다.

비옥한 초생달 지역의 사막에는 물이 있는 곳이다. 사막을 지나는 인더스 강 유역, 메소포타미아 강 유역, 인접한 나일 강까지 포함한다. 이집트는 아프리카이지만 같은 문명권에 속한다. 인류 최초로 농경을 하고, 문자를 만들고 도시를 만들고 세계적 종교가 발생한 곳이다. 아프가니스탄, 파키스탄, 이란, 터키, 이라크, 이스라엘, 시리아, 레바논, 요르단, 사우디아라비아, 아랍에미리트, 예멘, 오만, 바레인, 카타르, 쿠웨이트를 포함하여 16개국이다. 아시아, 아프리카, 유럽의 접경지역에 있다.

18세기까지 세계에서 가장 풍요하고 잘 살았던 지역이다. 지금은 가난하다. 전쟁터이고, 분쟁지역이다. 아프가니스탄은 러시아와 미국 지배를 받았고, 내전으로 전쟁을 하고 있다. 파키스탄은 인도와 갈등으로 핵무기를 개발해 놓고 있다. 이란은 중동의 맹주이지만, 미국과 갈등으로 핵무기를 개발하려한다. 이웃 사우디아라비아와 갈등을 빚고 군비경쟁을 하고 있다. 이라크는 전쟁의 상흔이 아직 남아 있다. 시리아는 내전 상태에 있다. 미국은 반군을 응원하고 러시아는 정부군을 지원한다. 평화의 실마리가 보이지 않는다. 분쟁 진원지는 직간접으로 이스라엘과 관계가 있다. 2차대전 후 미국과 영국의 도움으로 팔레스타인에 이스라엘이 탄생했다. 모든 회교국가와는 사이가 껄끄럽다. 남쪽 예멘은 내전상태이다.

  이스라엘 유대교와 레바논 기독교를 빼고는 모두가 회교국가이다. 어느 나라를 막론하고 힘에 겨운 방위비를 책정하여 전쟁을 대비하고 있다. 같은 이슬람국가들까지도 전쟁준비를 하고 있다. 세계가 중동에 관심을 갖고 있는 것은 이슬람 때문이 아니라 석유자원 때문이다. 석유는 아직도 문명사회에 필수 에너지원이다. 석유와 천연가스가 여기에 분포한다. 알라 신은 이슬람교를 믿는 나라에 석유의 축복을 내렸다는 말이 있다. 거의 모든 국가에서 석유가 생산된다. 석유 산출과 종교와는 상관관계가 없다. 석유와 테러와는 관계가 있다. 석유는 20세기에 들어와 필수 에너지자원이므로 외교로 석유를 얻지 못하면, 전쟁으로 석유자원을 확보해야 했다. 전쟁으로 석유자원을 확보하게 되면 억울하게 당하는 쪽이 생긴다. 억울하게 당하는 쪽에서 힘과 외교가 먹히지 않을 때 테러를 자행한다. 테러가 자위수단이고 생존권 행사이다. 석유를 생산하는 나라는 부자나라이다. 서남아시아는 부자나라가 많다. 그럼에도 어느 나라도 선진국에 진입한 나라는 없다. 선진국은 소득도 높아야하지만, 인권과 민주주의가 제대로 갖추어져야 한다. 민주주의가 제대로 된 보통국가는 없다. 종교를 핑계로 독재를 하고, 언론과 인권을 탄압한다. 보통국가의 수준에 이르지 못했다. OECD

서남 아시아

서남 아시아

에 가입한 나라는 16개국 중 이스라엘과 터키뿐이다.

 석유와 천연가스도 언젠가는 고갈될 자원임을 산유국들도 알고 있다. 산유국들은 미래의 먹거리를 찾고 있다. 관광산업, 금융업 등 대체산업과 대체 에너지를 찾고 있다. 석유로 벌어들인 엄청난 재원으로 항만, 공항, 고속 도로 등 인프라를 구축하고 있다. 사막에도 바닷물을 담수화 하여 농사를 짓고 관광산업으로 미래 소득원을 찾고 있다. 석유 일변도에서 다변화를 모색하고 있다. 나라마다 사정이 다르다. 산업화를 위하여 산유국들은 외국노동자를 대거 고용하고 있다. 자국민보다 더 많은 외국인 노동자를 고용한다. 문제가 많다.

 우리가 관심을 갖는 것은 한국은 세계 5위의 석유와 천연가스 수입 국가이다. 많은 외화를 산유국에 쓰고 있다. 산유국들은 석유를 수출해 외화를 벌어들이는 대신, 인프라 건설을 위하여 외화를 써야 한다. 한국은 중동에서 가장 건설공사를 잘하고 신용이 있는 국가로 알려져 있다. 한국은 1차, 2차 중동 전쟁 중에도 건설공사를 계속하는 국가로 이름이 나왔다. 석유수입으로 외화를 쓰는 대신, 우리는 중동 건설 사업에 참여하여 외화를 벌고 있다. 중동의 안정이 한국 산업에 대단한 기여를 한다. 지구촌이다. 사우디 유전이 드론공격을 받았다하여 그 다음 날 석유가격이 올라갔다. 중동의 지리를 공부해야 하는 이유이다.

# 1장 탈레반(아프가니스탄)

## 1.1 샘물 교회 선교단 납치

　아프가니스탄은 귀에 익은 곳이다. 아프가니스탄(Afghanistan)에서 한국인 23명이 납치되었다. 2007년 7월19일 아프가니스탄 수도 카불 - 칸다하르 고속도로에서 버스로 이동하던 중, 무장 탈레반이 납치했다. 한국 교회 개신교 선교 단원 버스였다. 탈레반은 버스를 납치하여 인질로 잡고, 남자 목사 2명을 참수 한 뒤, 협상을 요구했다. 협상에 응하지 않으면 하루에 한 명씩 참수를 하겠다고 협박했다. 기가 막힌 일이다. 탈레반은 한국정부에 협상조건을 걸었다. 아프가니스탄에서 군대를 철수할 것, 파키스탄 감옥에 수감되어 있는 탈레반 대원을 석방할 것, 그리고 몸값으로 1억 불을 요구했다. 딱한 사정이다. 국민이 인질로 잡혀있는데 테러집단이라고 몰라라 할 수 없는 노릇이다.

'테러집단과는 어떤 협상도 하지 않는다'고 외교부는 성명을 냈다. 국민의 생명이 걸린 일이다. 협상을 하지 않을 수 없다. 뒤로 협상을 하여 378억을 주고 선교단원은 무사히 풀려났다. 나는 당시 국회 국방위원이었다. 한국은 9.11 사태 이후 미국의 압력에 못 이겨 UN 평화군의 일원으로 공병과 의무부대를 합하여 200명을 아프가니스탄에 파견하였다. 선교단은 개신교 서울 분당 샘물교회에서 파견했다. 회교국가에서 기독교 선교활동을 하고 있었다. 아프가니스탄은 치안이 불안정한 곳이므로, 외교부가 여행을 허락하지 아니한 곳이다. 한국정부는 아프가니스탄을 여행 위험 지역으로 분류하였다. 2019년 현재도 치안 불안으로 여행금지 국으로 분류해 놓고 있다.

종교는 선교가 제일 큰 의무이다. 선교를 하다가 죽으면 순교했다하고 모두 천당에 간다고 선교를 장려한다. 탈레반에 준 수백억 손실은 오로지 국민의 세금으로 충당했다. 가슴 아픈 일이다. 서울에서 아프가니스탄의 수도 카불까지는 5천120km이다. 젯트 여객기로 7시간30분 걸린다. 아프가니스탄은 산악국가로 면적은 65만㎢이고, 인구는 3천100만 명이다. 큰 나라이다. 수도 카불(Kabul)은 가장 큰 도시이고 인구는 330만 명이다. 다음 도시는 칸다하르(Kandahar, 55만 명)이다. 수니파 이슬람 국가이다. 지금은 전쟁으로 엉망이 되었지만, 전쟁 전에는 평화롭게 살던 나라였다. 1인당 국민소득이 1천불 정도이고, 자급자족을 하고 살아가는 나라이다. '스탄' 자 항렬을 가진 나라는 모두 구소련의 소비에트 사회주의 국가였다. 아프가니스탄과 파키스탄 만은 소련과 멀리 떨어진 지정학적 이유로 소련권이 아니었다.

아프가니스탄은 바다와 멀리 떨어진 내륙 국가이다. 현대의 산업국가가 되려면 어떻든 바다를 면하고 있거나 아니면 바다로 가는 큰 강을 끼고 있어야 한다. 산업국가로 발전하기에는 애로가 있다. 실크로드 시절 낙타와 말로 여행을 할 때가 있었다. 아프가니스탄의 카불과 칸다하르를 거쳐서 중국의 서안으로 들어가는 길목이었다. 아프가니스탄은 파미르 고원에 인접한 산악지형이다. 수도 카불은 고도 1,800m의 고원에 위치한다. 파미르고원은 어마어마한 산악지형이므로 사람이 쉽게 다닐 수 없는 지형이다. 실크로드 지름길이므로 살기 위하여 상인들은 다녔다. 지금은 카라코름 도로가 건설되어 있다. 파밀 고원을 넘어 중국으로 들어가려면, 4천m 고개를 10개나 넘어야 한다. 아프가니스탄은 산악국가이고, 또 건조한 사막국가이다. 아프가니스탄은 외곽이 높은 산으로 둘러싸여 있는 분지지형이다. 주변 산악지형에서 내려오는 물을 이용 할 수 있는, 산지의 산록을 따라 도시가 분포한다. 아프가니스탄의 중앙은 사람이 살지 않는 사막이다. 주변의 높은 산에서 내려오는 강물은 모두가 바다에 이르지 못하고 사막에서 사라지는 와디이다. 오아시스 농업이 발달했다. 밀, 포도, 석류, 면화, 땅콩이 재배된다. 그리고 양, 염소, 낙타를 방목하여 생활한다.

영국, 소련, 미국의 침략이 없었으면 가난하지만, 평화롭게 살아 갈 수 있는 나라이다. 내륙 사막국가에 3,800만 명이 넘는 인구를 갖고 있는 것은 농업생산이 그만큼 풍부했다는 것을 의미한다. 지금 아프가니스탄은 소련과 미국의 침략에 이어 내전으로 쑥대밭이 되어 있다. 냉전시대 소련과 미국이 아프가니스탄을 탐을 낸 것은 아프가니스탄이 자리잡고 있는 지정학적 위치 때문이다. 아프가니스탄 주변의 국가는 동남쪽 파키스탄, 서쪽 이란과 투르크메니스탄, 북쪽 우즈베키스탄과 타지키스탄, 동쪽 긴 회랑 끝에 중국과 국경을 맞대고 있다. 파미르 고원은 세계에서 가장 높은 산악 지대이다. 세계 최대의 산맥들 히말라야 산맥, 힌두쿠시 산맥, 카라코람 산맥, 천산 산맥이 모여 있다. 파미르 고원에는 중국, 타지키스탄, 아프가니스탄, 파키스탄, 인도가 맞물려 있다. 아프가니스탄을 자기 세력 하에 두면 인접 국가를 간섭하기도 좋고, 대륙국가는 해양으로, 해양국가는 대륙으로 진출이 용이하다. 저항 할 힘이 없었던 아프가니스탄은 냉전의 틈바구니에 휘둘리게 된 형국이다.

## 1.2 탈레반

서방세계에서 탈레반은 테러집단으로 악명이 높다. 탈레반은 원래 이슬람교의 학생, 즉 이슬람교의 교리와 원리를 배우는 학생을 지칭한다. 학생이므로 이슬람교 원리를 소중히 지킨다. 지도자는 물라(Mulla)이다. 탈레반이 세계적으로 악명 높은 테러집단이 된 것은 미국과 전쟁 때문이다. 미국은 세계의 경찰을 자처한다. 경찰과 맞서는 사람은 악당이듯, 미국과 맞서는 나라는 나쁜 나라이다. 아프가니스탄 서남쪽은 평야이지만, 동북쪽은 파밀 고원이다. 서남쪽은 이란과 파키스탄과 접경을 하고 있다. 바다를 통하여 세계적인 교역이 일어나기 전에는 아프가니스탄은 아시아 대륙과 유럽대륙간의 전쟁과 교역의 교차지점으로 번성했다. 산업혁명으로 증기선 발명으로 수송수단이 선박으로 바뀌면서 내륙 국가, 아프가니스탄은 오지로 전락했다.

아프가니스탄은 구소련과 접경지역이다. 소련은 아프가

니스탄에 영향력을 행사하기 위하여 1979년 아프가니스탄을 침략하였다. 북부의 무자히딘(Mujahedin)과 남부의 탈레반(Taliban)은 저항했다. 무자히딘은 이교도와 싸우는 전사를 뜻한다. 1989년 소련군은 10년간의 아프가니스탄 전쟁에서 끝을 보지 못하고 손을 들고 물러갔다. 미국의 후원을 받던 반군 탈레반이 수도 카불을 접수하고 정권을 잡았다. 탈레반의 근거지는 원래 아프가니스탄의 서남부지역, 칸다하르가 중심도시였다. 칸다하르는 인구 50만명, 헤르만드(Hermand) 강 유역에 있는 도시이다. 헤르만드 강은 1,400km나 흐르는 큰 강이지만 바다에 이르지는 못하고 사막에 사라지는 와디이다. 강 유역은 농산물이 풍부하고 취락이 발달해 있고, 큰 도시 칸다하르가 있다. 소련과 대척점에 서 있던 미국은 남부 탈레반과 북부 무하자딘 반군을 지원했다. 파키스탄을 통하여 무기와 전략물자를 공급하였고, 소련군을 몰아내는데 기여를 하였다.

 1989년 소련이 붕괴의 조짐을 보이자, 소련은 지속적으로 전쟁을 할 형편이 못되었다. 탈레반은 소련군 괴뢰 정부를 뒤엎고, 정권을 잡았다. 이슬람 원리주의 정치를 하고 종교국가로 만들었다. 여성에게는 학교교육의 기회를 박탈하고, 직장을 못나가게 하고, 머리에서 발끝까지 부르카를 착용하게하고, 가족을 동반하지 않고는 외출을 허용하지 않았다.

아랍 국가들조차 너무 가혹한 처사라고 비난했다. 또한 세계의 문화유산인 바미얀(Bamiyan) 불상을 우상이라고 폭파해버렸다. 미국의 적극적인 지지를 받아 정권을 잡았지만, 회교원리주의를 주장하고 심지어는 재정을 메우기 위하여 농민들에게 아편 재배를 권장했다. 아편은 여러 경로를 통하여 미국으로 밀 수출되었다. 미국의 지원을 받던 탈레반은 미국의 적이 되었다. 미국과 관계가 틀어진 결정적인 이유는 9.11사태의 장본인으로 알 카에다에 훈련 기지를 제공한 점이다.

2001년 9월 11일 뉴욕에 있는 월드 트레이드 센타, 펜타곤, 백악관을 공격하여 2,752명의 희생자를 낸 사상 최악의 대규모 테러가 일어났다. 빈 라덴은 '알카에다가 한 영웅적 행동' 이라고 공언하였다. 미국은 아프가니스탄의 탈레반 정부에게 숨겨 놓은 알 카에다를 즉시 내 보내라고 최후통첩을 했다. 탈레반 정부는 그 통첩을 받아드릴 형편이 아니었다. 그들에게는 테러집단은 순교자였다. 화가 난 부시대통령은 세계를 향하여 "우리와 함께 하지 않으면 적이다 With us or Enemy"라고 했다. 미국의 분노가 하늘을 찔렀다. 미국은 B2 스텔스기, 무인정찰기 프리데이터 등 신예무기를 동원하여 카불을 비롯한 알카에다의 군사기지를 포격하고 단번에 쓸어버렸다. 탈레반 정권을 무너뜨리고 친미정권을 세웠다. 탈레반과 알카에다는 근거지를 잃고 지하로 숨어들었다. 알카에다 지도자 빈 라덴은 2011년 5월에 인접국가 파키스탄 아보타바트에서 미국 특수부대 '네이비 실(Navy SEAL)'에 의하여 사살되었다. 탈레반은 다시 반군이 되어 정부군과 미국에 저항하고 있다. 소련과의 전쟁 때 미국의 동맹군이었던 탈레반은 이제는 토벌대상이 되었다. 산악지형은 게릴라활동을 하기 좋은 지형이다.

미국이 아프가니스탄에 전쟁을 시작한지도 20년이 흘렀지만 끝이 보이지 않는다. 대도시는 경찰과 미군이 장악하고 있지만, 농촌·소도시·산악지역은 탈레반이 점유하고 있다. 자살폭탄과 기습공격이다. 주민은 낮에는 정부군 밤에는 반군 탈레반 편이다. 주민은 명분이 있는 탈레반 편이다. 카불은 정부군, 남부 칸다하르와 헤라트(Herat)가 탈레반의 거점이다. 오랜 전쟁으로 주민은 지칠대로 지쳐 있다.

미군 작전에 근본적인 문제가 있다. 미 병사의 피해를 줄이기 위해 항공기로 포격을 한다. 탈레반은 민간인 속에 숨어 있다. 포격의 희생자는 민간인이 훨씬 많을 수밖에 없다. 국제여론이 좋지 않다. 민심은 탈레반 편으로 기울고 있다. "소련군은 우리를 케밥(양고기 요리)으로 만들었고, 미군은 아이들까지 죽이고 있다". 외국 군인에 대한 혐오감이 대단하다. 친미파 하미드 카르자이 대통령에 대한 국민의 지지는 매우 낮다. NATO군도 6천명이나 파견되어 있고, 미군 3만5천, 모두 4만 명 있다. 바이든 대통령은 미군을 모두 철군했다. 탈레반은 다시 아프가니스탄 주인이 되었다. 진통을 겪다가 독자의 길로 갈 것이다.

### 1.3 카불

아프가니스탄에서는 인더스 강을 카불 강이라 부른다. 카불 강은 인더스 강의 상류이다. 카불 강 유역에 수도 카불(Kabul)이 있다. 고원에 위치하여 기후가 좋고, 정치와 경제의 중심지이다. 파키스탄 북부에서 아프가니스탄의 수도 카불로 가려면 카이버(Kyber) 고개를 넘어야 한다. 그 길 밖에 없다. 국경지역이 파미르(Pamir) 고원이므로 세계 최고 험준한 산악지형이다. 사람이 다닐 수 있는 통로가 없고 유일하게 좁은 협곡으로 연결하는 카이버 고개(Kyber Pass)가 있다. 원래 아프가니스탄의 영토였으나 지금은 파키스탄 영토가 되어있다. 아프가니스탄과 인접하고 아프가니스탄과의 관계 때문에 아프간 영토로 알고 있다. 실크로드이다. 동쪽 중국 인도, 서쪽 이란 터키와 무역을 할 때 카이버 고개를 넘어야 한다. 아프간을 침략한 수십 번의 전쟁은 모두 카이버 고개를 지나갔다. 19세기에 들어와서도 인도, 영국, 미국이 이 길을 이용하여 아프가니스탄과 전쟁을 하고, 물자를 수송하였다. 그 종점 도시가 카불이다.

알렉산더, 몽골제국, 무굴제국이 카불을 지배했다. 조로아스터교, 불교, 힌두교가 한 때 꽃을 피웠다. 그들이 교역로를 따라 들어왔고, 문화 유산을 남겼다. 지금은 이슬람교가 주종이다. 카이버(Kyber) 고개가 있는 파키스탄의 페샤와르(Peshawar)는 길목이다. 카불과 페샤와르까지 250km 정도이므로 기후와 지형, 그리고 사람들이 사는 문화가 매우 비슷하다. 카이버 협곡은 길이 48km이고 폭이 5m에서 넓은 곳이라야 137m에 불과하다. 협곡의 양쪽은 절벽이다. 영국과 아프간 간의 1842년 전쟁 때, 페샤와르에서 카불로 진격하던 영국-인도 연합군 1만7000명이 카이버 협곡에 갇혀, 아프간 군에 의하여 몰살을 당한 눈물의 계곡(Tear Valley)이다. 얼마나 지형이 오묘했으면 이런 일이 일어 날 수 있었을까? 한 명의 병사가 천명을 방어한다는 지형이다.

카불은 무굴제국의 수도였다. 무굴제국의 바불 황제는 1526년까지 카불을 도읍지로 정했다가 인도 델리로 옮겨갔다. 바불 황제 때에는 "카불에는 페르시아인, 터키인, 이란인, 파슈툰(Pasthuns)인이 살았고, 13개의 언어가 사용되었다. 카불은 언어를 녹이는 냄비"라고까지 했다. 카불은 당시 국제적 도시였던 모양이다. 지금의 뉴욕을 여러 민족의 용광로(Melting Pot)라고 하는 것과 마찬가지이다.

1333년 모로코의 여행가 이븐 바투타는 카불을 방문했다. "카불은 전에는 큰 도시였지만, 몽골군의 침략으로 폐허가 된 자리에 작은 마을이 있을 뿐이고, 페르시아 사람들이 아프간이라고 부르는 민족이 살고 있다. 그들은 외길, 카이버 고개를 지나는 상인들을 대상으로 강도짓을 하고 살고 있다."고 그의 여행기에 기록했다. 인도의 오래된 BC1500년 전의 경전 리그베다에도 "카불은 천국의 광경이 산속에 펼쳐있고, 서쪽 칸다하르 북쪽 사마르칸트 사이에 놓여 있다." 라고 적고 있다. 카불은 3500년 역사를 가진 도시이다. 인류가 지금까지 살고 있는 도시 중 가장 오래된 도시 중의 하나이다.

아프간의 현대국가 모습은 두라니 제국 때 1747년부터 이다. 두라니(Durrani) 황제를 아프가니스탄 '국부'로 칭하고 있다. 페르시아제국으로부터 독립하였고, 칸다하르에 수도를 정했다. 두라니 제국은 지금의 아프가니스탄, 이란의 북부, 파키스탄 전역, 인도의 북부, 아무다리아강 이남 까지를 관장했던 방대한 제국이었다. 이슬람에서는 오스만터키 다음으로 큰 제국을 건설하였다. 무굴제국의 북부 영토를 이어 받았다. 그리고 인도의 서북부 카시미르 지방, 펀자브 지방, 신드 지방을 정복하고 지배하였다.

카불은 빅게임(Big game)의 현장이다. 대륙세력 러시아의 남하를 막고, 해양세력인 영국과 미국의 대륙 진출을 막는 전쟁 터가 일명 '빅게임'이다. 19세기 말부터 20세기 초까지 열강의 식민지 갈등을 빅게임으로 표현했다. 러시아는 북극곰, 영국은 사막의 사자로 표현했다. 아프간을 누가 먹느냐에 따라 중앙아시아의 판도가 변했다. 20세기 초반까지 영국의 아프간 침략은 무위로 끝이 났고, 결국 물러갔다. 그 뒷자리를 소련이 쳐들어 왔다. 10년간의 전쟁을 했지만, 전쟁으로 국력이 쇠하여 물러갔다. 그 뒷자리에 미국이 들어왔다. 미국도 2002년에 전쟁을 시작한지 20년이 넘었다. 전세는 점점 탈레반 쪽으로 기울어지고 있다. 파미르고원의 산악지역에서 아프간 원주민과 싸워서 승리한 열강은 하나도 없다. "카불은 침략군의 무덤"이란 말이 있다

## 1.4 칸다하르

칸다하르(Kandahar)는 사막의 도시이다. 사막의 한 가운데 강이 흐르고 있다. 강을 가운데 두고 도시가 양쪽 연안에 발달했다. 위키피디아는 OECD의 국가, 한국의 두 번째 도

시 340만명의 부산에 대하여 36쪽, 세 번째 도시 대구는 31쪽을 할애했다. 칸다하르(인구 57만)에 33쪽의 지면을 할애하고 있다. 백과사전에 쪽수는 중요도를 의미한다. 칸다하르가 인구 13배나 되는 부산 정도의 쪽수를 할애받은 것은 세계지리나 세계사 속에서 그 만큼 무게가 있다는 것을 의미한다. 알렉산드리아는 이집트의 나일 강 하류에 있는 제2의 도시이다. 알렉산드리아는 알렉산더 대왕이 이집트를 정복하고 개명한 이름이다. 칸다하르도 옛 이름은 알렉산드리아였다. 같은 이름이다.

1만2천 년 전 농업혁명이 일어난 곳은 사막의 오아시스였다. 인류문명의 발상지는 나일, 메소포타미아와 인더스 강 유역이다. 같은 시기 칸다하르는 아르간다브(Arghandab) 강, 오아시스에 발달한 도시이다. 강은 파미르고원에서 발원하지만, 바다에 이르지 못하고 사막에서 잠적해 버리는 와디이다. 도시는 평균고도 1,000m의 고원지대에 위치한다. 오아시스는 지금도 그렇지만 인간이 살기에 가장 좋은 곳이다. 칸다하르는 인간이 거주한 가장 오래된 취락 중의 하나이다. 칸다하르에서 55㎞ 동남쪽 문디각(Mundigak)에서 기원전 6000년의 도시 유적이 발견되었다. 칸다하르는 남아시아, 서아시아, 중앙아시아의 전략적 지정학적 가치 때문에 역대 왕조들은 칸다하르를 점령했다.

BC 330년 알렉산더 왕이 왜 여기까지 진출했는지 알 수는 없다. 아프가니스탄의 중심부 칸다하르에 도착하여 군사거점을 삼고, 더 나아가 인도로 쳐들어가려 했다. 인더스 강에 막혀 더 이상 진출을 못하고 회군했다. 원정군인 그리스 군인이 그냥 왔다가 간 것이 아니라, 상당수의 마케도니아 그리스인이 여기서 200년(BC180-AD10) 동안 인도-그리스 왕국을 건설하고 살았다. 그래서 서양의 그리스인과 아시아인 간에 문화를 공유하고 새로운 융합문화, 헬레니즘(Hellenism) 문화를 만들어 냈다. 석조로 된 문화유적에 남아있다. 당시 이 지역의 지배 종교였던 불교와 그리스의 신화가 새겨진 석조물들이 여러 개 발견되었다. 그리스 건축양식인 코린트식의 돌판 위에 불상도 있고, 그리스 신 타이타닉이 떠 바치고 있는 불상도 있다. 아소카왕 때 새겨진 그리스어와 서아시아어로 된 비석도 구 시가지에 발견되었다. 알렉산더 왕이 동양의 수도로 칸다하르를 잡았고, 도시 명을 알렉산드리아(Alexandria)라고 했다.

칸다하르와 이웃 파키스탄 북쪽에 간다라(Gandhara)지방이 있다. 발음도 비슷하고, 같은 문화권이다. 카불을 흐르는 카불 강은 파키스탄의 간다라에서 인더스 강과 합류하여 파키스탄의 동부를 관통하여 아라비아 만으로 유입된다. 고등학교 교과서에서는 헬레니즘의 상징으로 간다라미술을 이야기한다. '간다라'는 파키스탄 북부지역 간다라이다. 간다라에는 페사와르(Peshawar), 마르단(Mardan), 차스다(Charsadda) 등의 도시가 있다.

미국이 지원하는 정부군은 북부지역 수도 카불에 있다. 한편 탈레반을 중심으로 하는 반군의 근거지는 남부 칸다하르이다. 칸다하르의 주민은 농사보다도 현금 수입이 되는 하시시(아편)와 마리화나를 재배한다. 반군은 농민들에게 아편의 재배를 권유했다. 농민으로부터 수집한 마약은 이웃 이란, 파키스탄과 투르크메니스탄을 통하여 미국과 유럽으로 밀수출 되었다.

농산물은 밀과, 포도, 석류를 재배했다. 소련과 미국과 같은 군사대국이 아프가니스탄에 수렁처럼 발목이 잡히고 제2의 월남전이 된 것은 자동차나 탱크가 진입할 수는 없는 험준한 산악지형에 게릴라가 둥지를 틀고 있기 때문이다. 잘 살고 못 살고는 제쳐 두더라도 세계에서 가장 불행한 나라는 현재 아프가니스탄이다. 정부군과 반정부군사이에 내전이 끊이지 않고, 자살폭탄 테러가 언제 어디서든지 일어나는 사회이다. 목숨을 구하기 위하여 처자식을 거느리고 난민이 되어 이웃나라로 간다. 이웃나라도 난민을 반기지 않는다. 아프가니스탄 난민은 2,000km를 걸어서 서부유럽으로 피난을 간 경우도 있다. 먼 거리를 가다가 죽고, 찾아 간다고

아프가니스탄

아프가니스탄

해서 반기는 나라는 하나도 없다. 악에 받친 젊은이는 테러의 전사가 되어 IS에 합류하기도 한다. 자국이 정치를 잘못해서가 아니다. 정말 UN이 힘이 있다면 아프가니스탄 같은 나라는 평화를 보존해야 할 것 같다.

# 2장 카라코룸 하이웨이 (파키스탄)

## 2.1 카라코룸 하이웨이

세계에서 가장 험준한 고속도로는 어디일까? 카라코룸 하이웨이이다. 파키스탄의 수도 이슬라마바드와 중국 신장위글자치주 카시카르를 연결하는 고속도로이다. 총연장 1,300 ㎞로 1978년에 시작하여 1982년에 개통 되었다. 산악지형을 지나 쿤제랍(Kunjerab, 4,683m) 고개를 넘어 중국으로 들어간다. 세계의 지붕 파미르고원을 넘어 가는 유일한 자동차 길이다. 파키스탄, 인도, 이란, 아프가니스탄 중국인들이 이용한다. 무역로이다. 옛날은 보행자와 말만 겨우 다니던 길을 자동차가 다닐 수 있게 만들었다. 중국에서 돈을 댔다. 파키스탄은 중국의 유일한 군사동맹국이다. 북한도 중국의 군사동맹국은 아니다. 인도를 견제하기 위함이다. 쿤제랍 북쪽은 중국이고 남쪽은 파키스탄이다.

2차선 포장도로이다. 카라코룸 하이웨이는 세계에서 가장 높은 곳에 위치한 가장 험준한 도로이다. 수시로 겨울에는 눈사태와 여름에는 산사태로 길이 막힌다. 오르막 차선을 올라가는, 짐을 가득 실은 트럭은 사람이 걸어가는 속도와 비슷하다. 매우 느리게 천천히 간다. 길도 험하지만, 짐을 너무 많이 실어서 그렇다. 화물의 적재정량도 버스의 정원도 없는 모양이다. 무한정으로 태운다. 2008년은 그랬다. 5월부터 11월까지만 통행이 가능하다. 겨울에는 눈 때문에 다닐 수 없다. 도로변 마을은 눈 녹은 물을 관개하여 감자, 밀, 보리 같은 곡류와 살구, 호두, 석류를 재배한다. 양, 염소, 소를 키운다. 파키스탄 쪽은 큰 강이지만, 중국 쪽은 우기에만 흐르는 와디만 있다. 파키스탄 쪽은 비가 많고, 중국 쪽은 비가 적다. 강물이 흐르는 계곡을 따라 도로가 건설되었다. 곳곳에 길을 따라, 강을 따라 작은 취락이 발달해 있다. 고속도로 주변은 주민이 거주하는 곳이고, 여행자 숙소이고, 주유소와 정비소가 있고, 경비대가 있다.

카라코룸(Karakoram) 산맥은 파미르고원의 가운데 있다. 파미르고원은 힌두쿠시, 히말라야, 술래마니야, 카라코룸 산맥이 수렴하는 곳이다. 중국과 인도, 파키스탄, 이란을 통하여 터키 유럽으로 가는 길은 카라코룸 산맥을 넘어야 한다. 산지가 험하다. 버스와 트럭이 다니지만, 지프가 다니기에 적당한 도로이다. 도시가 있는 부근의 도로는 포장이 되어 있는 곳도 있고, 옛날부터 지금의 자동차도로는 중국과 인도를 오가는 상인들의 길이었다. 당나라의 현장, 신라의 혜초가 카라코룸의 옛길을 따라 인도에서 불경과 함께 불교를 가져왔다.

카라코룸 하이웨이가 지나가는 곳은 잠무 캐시미르(Jamu - Kashimir) 지역이다. 산지가 험하지만 계곡에는 기후도 좋고 경치도 아름답다. 잠무 카시미르 지방에는 2천만 명 인구가 있다. 인도와 파키스탄 간 전쟁으로 지금은 교역이 자유롭지 못하여 생활수준이 예전과 같지 않다. 가볍고 따뜻하기로 유명한 '캐시미어 옷'은 캐시미르 지방의 염소 턱밑 털이 원료이다. 영국 상인이 수입가공하여 세계시장에 팔아 명품으로 만들었다. 영국 상품이다.

잠무와 카시미르 지역을 놓고 파키스탄과 인도 간에는 두 번이나 전쟁(1947년, 1965년)을 하였다. 또 카시미르 동북지역은 인도와 중국이 영토문제로 전쟁을 했다. 20세기 초반 영국이 지배를 했다. 영국의 식민지가 이차대전 전후 민족국가로 각각 독립을 하면서 자기 종교 영토 분쟁이 일어났다. 인더스 강의 상류지역이다. 카라코룸 하이웨이가 지나는 곳은 건조지역이다. 산에는 나무가 없는 눈 덮인 회색의 민둥산이다. 높은 산에 눈이 있다. 파키스탄은 이웃 인도를 견제하기 위하여 중국과 가까이 지내야 할 이유가 있었다. 적의 적은 나에게 친구가 된다. 그런 꼴이다. 파키스탄과 중국이 가까워졌고, 전략적 목적으로 중국이 투자를 해서 카라코룸 하이웨이를 건설했다.

인더스 강 계곡을 따라 카라코룸 하이웨이가 평행하게 달린다. 인더스 강은 히말라야의 북쪽 티벳고원에서 발원하여 히말라야 산맥을 좌측으로 우회하여 파키스탄을 남북으로 관통하여 아라비아 만으로 유입된다. 전장 2,200㎞ 긴 강이다. 인도라는 말도 인더스 강에서 유래했다. 그러나 인더스 강은 파키스탄 강이지 인도 영토를 흐르지 않는다. 갠지스 강은 히말라야 산맥에서 발원하지만, 네팔을 거쳐 인도에 흘러 들어가는 인도 강이다. 히말라야의 티벳고원에서 서쪽으로 흐르는 강은 인더스 강, 동쪽으로 흐르는 강은 브라마푸트라 강, 남쪽으로 흐르는 강은 갠지스 강이다. 발원지는 같다.

론리 프랜닛에서 '카라코룸 하이웨이'를 떠오르는 관광지, 세계의 관광지 25개중에서 첫번째로 꼽았다. 경치가 아름답고, 산악지방에 살고 있는 문화가 특이하고, 역사적인

도로이기 때문이다. 카라코룸 국도에 세계적인 장수 마을, 훈자가 있다. 경치도 아름답고 인구 2만 명이 산다. 가난하여 먹을 것이 없다. 살구와 호두 등 견과류를 많이 먹는다. 한국인 관광객도 많이 찾는다. 여행자 숙소의 안내판에는 한글 낙서도 보인다. 파키스탄의 수도 이슬라마바드는 카라코룸 하이웨이의 파키스탄 종점이다. 옛날 수도는 파키스탄의 최대도시 카라치(Karachi)였다. 카라치는 파키스탄 남단 아라비아 만에 있다. 동북쪽 분쟁지역으로 1959년 수도를 이슬라마바드로 옮겼다.

## 2.2 K2 봉

K2 봉을 가려면 카라코룸 하이웨이를 타고 가서 길기트-발티스탄에서 들어가야 한다. 우르드어로 초고리 산이라 한다. 에베레스트 다음으로 세계에서 두 번째로 높은 산(8,611m)이다. 카라코룸 산맥 중 K2 봉이 최고 높다. 파키스탄과 중국, 인도 국경 사이에 있다. 백두산을 경계로 한반도와 중국의 국경을 가르듯, 세계의 높은 산은 국경을 만든다. 높은 산과 긴 강은 인간의 생활 영역을 제한하였다. 카라코람 산맥은 대단히 높은 산맥이다. 산맥 높이 8,000㎞는 지구

의 대기권 높이 11,000㎞에 가깝다. 대기권(大氣圈)은 대기의 순환이 일어나는 범위이다. 높은 산맥은 대기 순환을 차단하여 인도대륙에서 일어나는 기후의 영향이 중국에 거의 미치지 못한다. 인도양에서 불어오는 계절풍으로 5, 6월에는 카라코람 산맥 남사면에는 많은 비가 내리지만, 북사면은 거의 아무런 영향을 받지 않는다. 기후 영향을 받는 인간 생활도 전혀 다르다. 남사면 파키스탄은 미작을 하지만, 북사면 카시는 건조 지방으로 유목을 하고 있다.

카라코람 산맥은 파키스탄의 북부 카시미르 지방의 북쪽에 가로 놓여 있는 산맥이다. 세계 8천m 고봉 14개 중에 4개가 있다. 8천m 고봉을 차례로 K1봉, K2봉, K3봉, K4봉으로 이름 붙였다. 전장 500㎞ 산맥 내에는 광범위한 빙하가 걸려 있다. 남극과 북극 다음으로 큰 빙하지역이다. 시아첸(Siachen, 76㎞) 빙하, 비아포(Biafo, 63㎞) 빙하이다. 인더스 강의 발원은 빙하 융설수이다. 카라코람 산맥의 서쪽 끝은 산맥이 끝나는 곳이 아니라 세계의 지붕, 파밀 고원(Pamir Plateau)을 만든다. 파밀 고원은 세계에서 가장 높은 고원지대이다. 평균고도 6,100m, 파밀 고원은 히말라야 산맥과 곤륜(Kunlun), 카라코름(Karakorum), 힌두쿠시(Hindukusch) 산맥이 다 모인 곳이다. 성인(成因)은 대륙표류설로 설명한다. 남극대륙에서 떨어져 나온 인도대륙 판이 아시아 대륙

판과 충돌하면서 솟아오른 곳이다. 8천 만 년 전에 인도대륙은 남극대륙에서 떨어져 나와 매년 20cm 속도로 북으로 이동하여 유라시아 대륙과 충돌하여 밀어 올려 생긴 주름이 히말라야 산맥이다. 지구상에 제일 높은 고원지대를 만들었다. 8천m 이상 높은 고봉 4개가 파키스탄에 있다. 세상에 가장 쓸모없는 땅이 설산이지만, 설산(雪山)의 가치가 변했다. 농업용으로 가치 없는 땅이었지만, 산악인들에게는 목숨을 걸고 도전하는 우상이 되었다. 8천m 산들을 정복한 산악인을 '8천m 산악인(eight thousanders)' 이라고 하여 등산가 최고 명예로 생각한다. 산악인은 목숨을 걸고 도전을 한다.

사람이 살지 못하고 불모지의 산지였지만, 20세기에 들어와서 등산과 트레킹의 붐이 일어나면서 히말라야 산맥 속의 높은 산들은 방문객이 많아졌다. 이해가 잘 안된다. 왜 산악인들이 목숨을 걸고 그 높은 산을 올라가는지. 1920년대 유명한 영국 산악인 조지 맬로리(G. Mallory)는 왜 산을 오르는가라는 질문에 '산이 거기에 있기 때문'(Because it is there)이라고 했다. 왜 학교에 가느냐?' 배우러 가는 것이 아니고, 학교가 있기 때문에. 목욕탕에 왜 가느냐, 목욕탕이 있기 때문에. 말이 안 되는 말을 했다. 선문답이다. 그는 1924년 영국의 등반대를 이끌고 에베레스트 산을 동료와 함께 오르다가 정상 부근에서 실종되었다. 80년이 지난, 2003년,

그의 시신이 정상아래 200m 지점에서 발견되었다. 그는 정상을 오르다가 변을 당했는지, 정상을 정복하고 하산 하다가 죽었는지는 모른다. 정상부근에는 아직도 200여구의 시신들이 수습이 되지 않는 채 방치되어 있다 한다. 왜 목숨을 걸고 정상에 도전하는 것일까?

K2 봉의 첫 등반은 1954년 이탈리아의 원정대 리노 라체델리와 아킬레 콤파그노니가 최초로 등정에 성공했다. 그후 1977년 일본원정대 등반이 이루어졌는데, 당시 포터를 1,500명 고용했다. 등반의 적기는 5월, 6월이다. K2 봉 등정을 준비하기 위하여 3개월 전에 베이스캠프(5,300m)에 도착하여 고산병에 적응 훈련을 해야 한다. 고산병은 생명을 위협한다. 정상부근은 산소가 평지의 1/10정도이다. 포터(짐꾼)는 세르파 족이다. 세르파는 오랫동안 고산지역에 적응하여 살아 온 민족이므로 고산병이 없는 쪽으로 진화했다. 8천m의 산을 오르는 것은 매우 위험하다. 에베레스트 산 등산 도중 사망률이 10%이고, K2봉은 20%라는 통계가 있다. 세르파(Sherpa)가 산을 오르는 이유가 있다. 돈을 벌기 위해서이다. 세르파에게는 '산이 있기 때문' 같은 말은 없다. 빙하 위를 걷는 트레킹코스가 아름답다. 시즌이 되면 많은 트레킹 행렬이 이어진다. 파키스탄은 등산객으로부터 큰 관광 수익을 얻고 있다.

## 2.3 인더스 강

카라코름 하이웨이는 인더스 강을 따라 지나간다. 인더스 강은 히말라야의 북사면, 티베트의 카일라스(Kailas) 산에서 발원한다. 카일라스 산은 중국 티베트에 있다. 힌두교, 불교, 라마교, 자니교도들이 신성시 하는 산이다. 불교에서는 우주의 중심, 수미산(須彌山)이라 한다. 산 높이는 4,327m이다. 히말라야 산맥 산들 중에서 낮은 산이다. 중국정부는 정상의 등반을 허용하지만, 성공한 산악인은 아직 없다. '영혼을 짓밟는 일'이라고 하여 종교인들은 매우 경외(敬畏)시 한다. 인더스 강은 히말라야 산맥과 평행하게 서북쪽으로 흐르다가 히말라야 산맥의 서쪽 끝과 카라코룸 산맥 사이에서 남쪽으로 방향을 바꾼다. 3,200km를 흘러 아라비아 해로 들어간다. 인더스 강은 파키스탄의 모든 행정구역을 관류한다. 인더스 강의 상류는 빙하의 융설수이므로 강물은 희뿌연 회색이다. 회색으로 보이는 건 빙하의 부유물이 많이 섞여있기 때문이다. 지구상에 남극빙하, 북극빙하, 세 번째 큰 빙하가 파미르 고원의 빙하이다. 높은 산은 깊은 계곡을 만들어 낸다. 인더스 강의 상류는 깊은 골짜기가 특징이다. 엄청난 골짜기도 있다. 8천 미터 고봉 중의 하나인 낭가파르바트 산 아래 인더스 강의 계곡의 깊이가 5천 미터가 넘는다.

나무가 없어 깊은 계곡이 아득히 다 내려다 보인다.

 파키스탄은 4개의 주, 이슬라마바드 특별시와 3개의 변방지역 주이다. 인더스 강의 상류는 파키스탄의 길기트(Gilgit) - 발루치스탄(Baluchistan) 지방이다. 산악지형과 깊은 계곡의 깨끗한 환경과 특유한 생활양식은 좋은 관광자원이 되고 있다. 카라코룸 하이웨이가 지난다. 깊은 계곡을 흐르는 급류는 수력발전 자원이 되고 있다. 인더스 강은 평야를 만나면서 펀자브 지방으로 들어간다. 펀자브는 '5개 강'이란 말이다. 시요크, 길티트, 카불, 고말, 쿠란 강이다. 기원전 3세기 경 그리스의 알렉산더 왕이 원정 왔다가 5대 강, 즉 펀자브에서 회군하고 돌아갔다.

 펀자브 지방은 파키스탄과 인도에 걸쳐 있는 지명이다. 파키스탄 펀자브, 인도 펀자브 해야 쉽게 이해가 된다. 강은 산악지형을 지나 평탄한 지형을 만나 싣고 온 퇴적물을 내려놓아 비옥한 하천 충적지를 만들었다. 매우 비옥하다. 펀자브 주는 파키스탄에서 가장 중요한 주이다. 파키스탄 면적의 25%인 20만㎢이고 인구의 53.7%, 1억1천명이 거주한다. 면적에서나 인구에서 남한의 꼭 2배이다. 파키스탄의 중심지역이다. 주의 수도는 인구 500만의 라호르이다. 파키스탄의 주요 도시들이 인더스 강 유역 펀자브 지방에 발달해 있다. 인더스 강의 동쪽은 힌두교(인도), 서쪽의 이슬람교

(파키스탄)가 펀자브지방에서 만난다.

두 종교 접합지점에서 15세기 시크교가 발생하였다. 교주는 구루 나나크이다. 교단은 스승과 제자뿐이고, 묵상 외 모든 종교의식을 배제한다. 시크교의 본산이 펀자브 지방이다. 교리도 힌두교와 회교를 결합한 형태이다. 시크교도는 자기 몸의 털을 깎지 않는다. 머리와 수염이 너무 길어서 천으로 감싸고 다닌다. 파키스탄인과 인도인 중에서 머리에 큰 터번을 쓰고 긴 수염을 자르지 않고 다니는 시크교도를 볼 수 있다. 15세기에 나타난 새로운 종교이다. 한때 시크교도의 세력이 강해지고 제국을 건설하기도 했다. 현재 시크교도는 전 세계에 3천만 명이나 되고, 펀자브에 1천만이 넘게 살고 있다. 남자의 이름에는 '싱(Singh, 숫사자)' 여자는 '카우르(Kaur, 암사자)'가 들어간다. 채식주의자들이 많다. 시크교의 교리는 펀자브지방의 역사와 지리를 경전에 많이 담고 있다.

5개의 인더스 강은 더 남쪽, 건조 지방을 흘러가면서 하나의 인더스 강이 되어 파키스탄의 신드 주를 관통한다. 신드 주는 동쪽에 타르(Thar) 사막이 있다. 서쪽에는 이란 고원이 있다. 건조한 지방이고 사막지방이다. 카라치의 북부 380km 지점, 사막 한가운데 선사시대 유적, 모헨조다로(Mohejodaro), 인더스 문명이 발견된 곳이다. 모헨조다로는

파키스탄

파키스탄

기원전 2500년, 인류 최초로 상당 수준의 도시를 건설했다. 기후의 변화로 사막화되어 모래 속에 묻혀 있는 것을 우연히 발굴하였다. 인류 최초로 가축을 길렀고, 우마차를 사용하였다. 인더스 강 문명은 인류가 가장 먼저 문자를 쓰고, 가장 먼저 야생의 소와 양 염소 닭을 가축화 했다. 〈총, 균, 쇠〉의 작가 제라드 다이아몬드는 인류 문화의 차이는 인간의 차이가 아니라 기후와 지형, 즉 자연의 차이 때문이라고 했다. 자연환경이 사람 살기 적당하여 많은 사람이 살았다.

# 3장 부토 여사

　파키스탄은 자연자원에서나 인적자원이 풍부한 나라이면서 자원에 맞지 않게 못사는 나라이다. 기후가 좋고 토양이 비옥하여 다양하고 풍부한 농산물이 생산된다. 지하지원도 많다. 세계 4대 문명의 발생지였다. 오랜 역사를 갖고 있다. 설산과 인더스 강이 있어 최고의 관광자원도 갖고 있다. 일인당 국민소득이 매우 낮다. UN회원국 193국 중 147등이다. 2억의 인구가 살고 있는 큰 나라이다.

　무굴제국(1526-1857)때 파키스탄과 인도는 하나의 국가였다. 다시 영국이 침략을 하여 동인도회사를 설립하여 인도 파키스탄을 하나의 영토단위로 지배하고 식민지화 하였다. 인도는 힌두교도가 다수이고, 파키스탄은 이슬람교가 다수이다. 차이는 그것뿐이다. 1947년 영국의 식민지를 벗어나면서 이슬람지역인 파키스탄과 힌두교 지역인 인도는 각각 민족국가로 독립 하였다. 이슬람교도와 힌두교도는 섞여 잘 살았지만, 종교가 다르고 민족이 다르다고 울타리를 치면서 다른 나라가 되었고, 민족주의를 앞세워 결국에는 파키스탄과 인도 간에 전쟁을 하게 된다. 세 차례의 큰 전쟁을 치렀다. 전쟁을 할 때 마다 파키스탄이 당했다. 인구나 자원이 인도에 비하면 상대가 되지 않는다. 인도의 인구는 12억, 면적 3백28만㎢, GDP 3조2,500억 달러이고, 파키스탄은 인구 2억 명, 면적 79만㎢, GDP 3,400억불이다.

파키스탄은 국방력을 강화했다. 파키스탄이 군사적 열세를 만회하기 위하여 핵무기를 개발하였다. 국방력 강화로 군부의 세력이 강해졌다. 힘이 강해진 군인들은 국내정치에 끊임없이 간섭을 해 왔다. 군인이 정치에 간섭하면 잘사는 나라가 없다. 오늘의 파키스탄이 안고 있는 정치경제적 문제가 모두 인도와의 군비경쟁 때문에 빚어진 일이다. 파키스탄 정부예산의 40%를 국방비에 쏟아 부었다. 도를 넘는 국방비 부담으로 다른 부문에 투자할 여력이 없다. 비대한 것은 군부세력이다. 여러 번 쿠데타가 일어났다. 쿠데타로 정권을 잡은 군인은 민주 정치발전을 저해했다. 쉬운 건 계엄령이다. 김영삼 대통령은 군의 정치관여 단절에 크게 기여했다고 생각한다. 그는 정권을 잡고 군의 사조직인 '하나회'를 해산하고, 군 출신의 대통령 전두환과 노태우를 구속했다. 군이 정치참여를 하면 어떻게 된다는 것을 보여주었다. 한국도 6.25전쟁을 겪으면서 군부세력이 엄청나게 비대해 졌다. 김영삼 대통령의 과단성으로 군의 정치 관여는 끝이 났다.

베나지르 부토(B. Bhutto) 정치 이력은 파키스탄 정치의 현주소이다. 파키스탄의 총리를 두 번이나 지낸 여성이다. 기구한 운명의 여인이다. 베나지르 부토의 아버지는 파키스탄 총리 알리 부토이다. 아버지 총리가 재임 중, 참모총장이었던 지아 장군이 1977년 쿠데타를 일으켰다. 총리였던 부토를 구속하고, 국가 전복 음모 죄를 씌워 부토를 1979년에 처형했다. 국민은 부토의 죽음이 부당하다고 생각하여 분노했다. 26세의 딸 부토가 정치에 입문하게 된 동기이다. 박정희 딸 박근혜가 정치에 입문한 것과 비슷하다. 딸 부토는 파키스탄 신드 주 카라치에서 1953년 태어났다. 인종적으로 이란계 쿠르드족의 후손이다. 딸 부토는 영어와 우루두 말을 배우며 자랐다. 파키스탄에서 초등교육을 받고, 미국으로 건너가 하버드 대학을 졸업했다. 그리고 영국 옥스퍼드 대학에서 철학, 정치학, 경제학을 공부했다. 전 영국총리 메이와 대학 동기동창이다. 가까운 친구로 지냈다. 메이 총리는 부토가 매우 우수한 학생이었다고 말했다. 아버지가 처형된 후 정치에 입문하여 반독재 운동에 가담하였다. 아버지가 창당한 PPP당(파키스탄 인민당)에 들어갔다.

독재자 지아 장군의 탄압을 받았다. 계엄령 위반혐의로 18개월을 복역하고 오랜 세월 동안 가택 연금을 당했다. 1984년 연금에서 풀려 해외로 망명길을 떠났다. 정치활동을 하지 않는다는 조건으로 귀국했다. 1987년 12월 34살에 자르다리와 카라치에서 결혼했다. 자르다리는 파키스탄 신드 주의 대 지주였다. 성대한 결혼식이었던 모양이다. 10만 명이 결혼식을 구경하러 모여들었다. 아버지의 후광으로 정치적 입지가 강화되는 계기가 되었다. 1988년 독재자 지아가 비행기 사고로 갑작스럽게 사망했다. 딸 부토는 PPP(파키스탄 인민당)을 이끌고 총선에 승리하여 1988년 총리가 되었다, 1993년 두 번째 총리로 당선되었다.

2007년 12월 총선, 펀자브 주 라왈핀디에서 유세를 하던 중 저격을 당했다. 총으로 저격당하고 연이어 자살폭탄으로 암살 당하였다. 향년 54세였다. 두 번의 총리를 역임하고 민주화를 위하여 헌신하였다. 누가 그녀를 죽였는지는 수사기관은 밝히지 못했다. 그러나 국민은 안다. 그녀가 죽으면 누가 가장 좋아 할지. 현직 대통령 무사라프가 배후라고 믿고 있다. 무사라프 대통령 역시 1999년 육군참모총장으로 쿠데타로 정권을 잡은 인물이다. 딸 부토가 죽고, 그녀의 후광을 입은 남편, 자르다리가 대통령에 당선되었고, 정부는 무사라프를 체포하여 여성 부토를 살해한 살인혐의로 법정에 세웠다. 권력 무상이다.

### 3.1 왜 핵무기?

파키스탄은 핵무기를 개발하였다. 운반 가능한 핵무기만도 100개가 넘는다. 당시 수상이었던 알리 부토(A. Bhutto)는 국가 생존을 위하여 핵무기 개발을 해야 한다고 주장했다. 30여 년 간 각고의 노력 끝에 개발에 성공하였다. 상품은 돈을 주면 판다. 그러나 핵무기는 돈을 주어도 팔지 않는다. 핵폭탄 이론은 간단하다. 방사능 동위원소 안에 어마어마한 에너지가 들어 있다는 것은 물리학 교과서에 다 나와 있다. 우라늄 235를 농축하는 기술, 플루토늄을 추출하는 기술, 폭탄으로 만드는 기술, 폭탄을 운반하는 기술은 만만치 않다. 핵무기에 대하여 IAEA(국제원자력위원회)가 엄격히 감시하고 있다. 파키스탄 독자의 기술로 만들어야 했다.

파키스탄이 핵무기를 개발한 것은 인도와 전쟁 때문이다. 1947년 이후 독립 직후 잠무 카시미어(Jammu - Kashimir)지방의 종교문제, 영토문제, 민족문제로 세번의 큰 전쟁을 했다. 첫 번째 카시미어 전쟁을 했다. 인도군은 1천500명 사망, 3천500명 부상, 파키스탄군은 6천명 사망, 1만4천명 부상을 당한 전쟁이었다. UN의 중재로 휴전이 되었다. 1965년 똑같은 문제로 같은 지역에서 전쟁을 했다. 한 달 동안 인도에서는 70만, 파키스탄은 26만 명의 병력이 동원된 전면 전쟁이었다. 사후 분석은 파키스탄이 잃은 것이 더 많은 힘에 부친 전쟁이었다고 평가했다. 1971년 인도와 파키스탄은 또 전쟁을 했다. 동 파키스탄(방글라데시)의 독립전쟁이었다. 민족문제, 영토문제가 깔려 있다. 인도군 50만, 파키스탄 군 36만을 동원한 전면전이었다. 파키스탄은 패하고 동 파키스탄은 독립하여 방글라데시가 되었다. 세 번의 큰 전쟁에서 파키스탄은 열세였고 당했다.

인도와 파키스탄의 갈등은 계속되었다. 그런 가운데 인도는 1974년 1차 핵실험을 했고, 1998년 두 번째 핵실험을 했다. 핵무기를 가진 안보리 상임이사국 미, 소, 영, 프, 중은 인도는 핵무기를 가질 만한 나라라고 인정했다. 인도는 12억이 넘는 인구를 가진 대국이었다. 파키스탄의 생존전략은 핵무기뿐이라고 생각했다. '차가이-1'이라는 암호명으로 1972년 핵무기 개발에 국운을 걸고 착수했다. IAEA(국제원자력위원회)에 근무했던 핵 관련 과학자, 영국과 미국에서

베나지르 부토 수상

일하고 있는 파키스탄인 핵물리학자들을 불러 모았다. 아마드 칸 박사, 살람 박사를 위시하여 수많은 과학자가 들어왔고, 10만 명 인원을 동원하여 핵무기 개발을 착수하였다. 각고의 노력 끝에 인도가 2차 핵실험을 한 직후, 드디어 1998년 5월 28일 발로치스탄(Baluchistan) 산악 지역에서 핵실험을 했다. 당시 미국과 영국을 위시한 강대국은 파키스탄의 핵무기 개발을 방해했지만, 막아내지 못했다. 인도와 사이가 좋지 않았던 중국이 핵 개발 기술과 물질을 제공하였을 것이라고 추측하였지만, 중국은 부인했다.

핵폭탄은 엄청난 위력으로 단번에 도시 하나를 날릴 수

있는 가공 할 만한 무기이지만, 2차 대전 때 미국이 사용한 후 사용한 일이 없다. 핵무기를 갖고 있는 나라는 미국, 러시아, 영국, 프랑스, 중국, 인도, 파키스탄, 북한, 이스라엘이다. 정확한 숫자는 모두가 비밀로 하기 때문에 알 수가 없다. 정보기관을 통하여 추측만 할 뿐이다. 러시아 4만5천개, 미국 3만2천개, 중국 596개, 영국과 프랑스 350개, 인도 110개, 이스라엘 130개, 파키스탄 120개, 북한 10개 정도 보유하고 있다고 추측한다. 지구상에 있는 모든 도시를 일곱번 잿더미로 만들고도 남을 만한 핵무기를 갖고 있다. 그러나 2차대전 이후 써 본 일은 없다. 그런데 왜 쓰지도 못하는 핵무기를 가지려는 것일까? 모두가 안다.

개인 간에 싸움에는 완력이 좌우한다. 근력을 키우는 데는 한계가 있다. 성별 차이, 나이 차이가 있다. 같이 노력을 한다 해도 물리적 힘에는 한계가 있다. 권총을 가진 연약한 여자에게는 함부로 손찌검을 할 수가 없다. 태권도 10단이라 할지라도 조심을 할 것이다. 미국사회에서 총기사고가 잦은데도 총기를 엄격하게 규제하지 못하는 것은 총기가 개인의 인권을 보호하는 측면이 크기 때문이다. 파키스탄의 핵실험이 끝난 다음해 1999년, 인도 수상 바지파이와 파키스탄의 수상 샤리프는 파키스탄 라호르에서 전쟁을 않기로 '라호르 선언( The Lahore Declaration)에 서명했다. 안보리는 파키스탄의 핵보유를 인정하지 않고 있지만, 국제사회는 묵인하고 있다. 국제사회가 인정하지 않는 핵보유국은 인도, 파키스탄, 이스라엘, 북한이다.

파키스탄은 인도와 전쟁으로 핵무기를 만들었고, 군부세력이 비대해졌다. 무력은 외적을 막는데 쓰인 것이 아니라 내정 간섭을 했다. 베니자르 부토가 죽은 파키스탄의 정치구조이다.

# 4장 페르시아(이란)

이란은 중동에서 정치 경제 사회에서 중심 국가이다. 사우디 아라비아가 석유자원을 등에 업고 큰 소리치고 있지만, 인구와 역사와 전통에서 이란과는 상대가 되지 않는다. 중동에서 인구가 가장 많은 나라이다. 면적은 사우디아라비아 보다 조금 작다.

중동에서 시민혁명을 한 유일한 나라이다. 정교가 분리되어 있지 않아, 보통국가로 나가지 못하고 있다. 이란은 언어도 종교도 아랍 국가들과 다르다. 중동의 한 축은 아랍이고 다른 축은 이란, 즉 페르시아이다. 언어는 아랍어가 아니고 페르시아어를 쓰고 있다. 같은 이슬람이면서 시아파이다. 사우디는 수니파의 종주국이고, 이란은 시아파의 종주국이다.

시아파와 수니파는 같은 이슬람이지만, 갈등 관계에 있다.

페르시아 만을 미국은 페르시아 만(이란 만)이라 하지 않고, 걸프(The Gulf) 만이라고 한다. The Gulf를 통하여 전 세계 석유의 70%가 수송된다. 세계에서 가장 중요한 석유수송로이다. 걸프 만 동쪽 해안은 전체로 이란이 관장하고 서쪽은 아라비아 반도가 있다. 이란은 미국과 사이가 좋지 않다. 미국이 이란을 위협하면, 이란은 걸프 만을 경유하는 유조선을 위협한다. 쉽지 않다. 이란은 미국의 무력시위를 벗어나려고 핵무기와 장거리 유도탄을 개발하려 한다. 미국은 저지하고 있는 형국이다.

미국이 무역을 통제하자 이란은 중국과 무역을 하고 있다. 우리는 석유를 수입하고 이란에 가전제품을 수출하고 건설공사를 수주한다. 서울에 〈테헤란로〉가 있다. 이란 수도 테헤란에도 〈서울 길〉이 있다. 한국과 관계도 깊다. 한류가 들어갔다. 대단한 인기다. 〈대장금〉 시청률이 90%에 이르렀다.

## 4.1 이란의 자연

이란은 중동 회교국가 중에서 중요한 나라이다. 국가도

인격체로 인정하여 중요한 나라가 있고, 덜 중요한 나라가 있을 수가 없지만, 국제적 위상에서는 그렇다. 동쪽 파키스탄, 아프가니스탄, 북쪽 투르크메니스탄, 카스피 해. 아제르바이잔, 아르메니아, 북서쪽에 터키와 이라크가 국경을 맞대고 있다. 많은 나라와 국경을 맞대고 있다는 말은 중심국이 안정되면 이웃나라도 편안하고, 중심국가가 갈등을 빚으면 인접국가도 불안해진다는 의미다. 서쪽에는 페르시아 만에 면하고 있다. 이란은 큰 나라이다. 영국, 프랑스, 스페인, 독일을 합한 면적만 하다. 1백60만㎢이고, 인구가 8천만 명이다. 북쪽 카스피 해와 남쪽 페르시아 만에 걸쳐있다. 페르시아 만은 세계 최대의 유전지대와 정유시설이 있는 곳이다. 호르무즈 해협이 있다. 걸프전을 치렀던 곳이다.

이란의 옛날 이름은 페르시아이다. 페르시아 제국은 지금의 이라크, 바빌로니아 제국을 멸망시켰다. BC 550년 페르시아 제국은 이란, 이라크, 터키, 아르메니아, 아제르바이잔, 조지아, 아프가니스탄, 이집트, 그리스에 이르는 대제국을 건설하였다. 영토의 점령지역에서 보듯 페르시아 제국은 아시아·유럽·아프리카를 장악함으로써, 소위 중동이라는 하나의 문화권을 만들었다.

이란은 500m-1500m 높이 고원 지형으로 이루어져 있다. 걸프 만 지역과 카스피 해 남쪽저지를 제외하고는 모두가 고원지대이다. 이란고원은 지질학적으로 보면 인도-아라비아 판이 유라시아 판과 충돌하면서 생겨났다. 인도의 북부 히말라야 힌두큐슈산맥과 같이 생성된 땅이다. 북부에는 엘부르즈 산맥이 동서로 달리고 있다. 동쪽의 힌두쿠시 산맥과 연결된다. 남부는 자그로스 산맥이 페르시아 만에 연하여 동서로 달린다. 페르시아 만 연안 저지대로 구분된다. 혼돈되는 지명이 있다. 엘부르즈(Elburz) 산맥은 카스피 해 남쪽 이란과의 경계지역쪽 국경에 동서로 1천㎞를 달리는 산맥이다. 한편 엘부르스(Elbrus, 5,642m) 산은 카프가스 산맥 중에 있는 산이다, 조지아와 러시아 사이에 있는 유럽 대륙에서 제일 높은 산이다. 이름이 비슷하다. '엘부르즈 산맥'과 '엘부르스 산'이다. 영어로 'z'와 's' 차이다. 엘부르즈 산맥에도 서아시아의 최고봉, 다마반드 산(5,610m)이 있다. 이란 고원은 폭이 2천㎞이다. 세계 최대의 산악지형 중의 하나이다. 위도 21도에서 40도에 걸쳐있다. 그러나 북쪽에는 비가 많고 쇼말리(Shomali) 밀림지역이 있다. 기후가 따뜻하다. 북쪽 엘부르즈 산록은 사람살기에 좋은 곳이다. 아제르바이잔과 이란의 국경사이에 주로 분포한다. 내륙지방은 건조지역이거나 사막지역이다. 다시카빌 사막, 다시루트 사막이 있다.

  이란인은 인도-아리안 족이다. BC 2천500년 경 중앙아시아의 초원지대에 살던 아리안은 유럽으로 들어가 게르만, 슬라브, 라틴 민족의 원조가 되었다. 서남쪽으로 이동한 아리안 족은 인도인이 되었다. 일부는 남쪽으로 내려와 이란인이 되었다. 이란의 인구는 페르시아 인 61%, 아제르바이잔 16%, 쿠르드 10%, 루르 6%, 기타 7%를 구성한다. 이란에 사는 사람들은 이슬람이지만, 아랍 인이라 하지 않는다. 페르시아 인이다. 다르다. 페르시아인은 대체로 이란사람들이고, 페르시아 언어를 쓰는 사람들이다. 이란 역사 속의 아케메네스 왕국은 3개 대륙에 걸친 대 제국이었다. 동쪽으로 아프가니스탄, 파키스탄 일부, 이라크, 흑해연안, 소아시아 전체, 서쪽으로는 발칸반도 트라키아, 팔레스타인 전역과 이집트, 리비아에 이르는 광대한 제국이었다. 6세기 경 키루스 (Cyrus) 왕이 건립한 왕국이다.

페르시아 제국은 이란고원의 남서부와 티그리스 강 사이에 기원전 550년에서 기원전 330년까지 200년간 계속되었다. 투키디데스의 〈펠로폰네소스 전쟁사, BC431〉는 페르시아 키루스 왕의 그리스와 전쟁을 담은 역사서이다. 아랍 인은 중동지방에 살면서 이슬람을 믿고, 아랍어를 쓰는 사람들을 말한다. 중동 또는 북아프리카 사람들을 말한다. 모국어가 아랍어이다. 이슬람 수니파이다. 코란이 아랍어로 되어 있다. 아랍어로 예배를 보고 코란을 낭송하므로 수니파 이슬람은 아랍권이다. 7세기경에 태동하였고, 중동과 이슬람 문화권을 통칭한다.

아랍 인이라고 모두가 무슬림(이슬람을 믿는 사람)은 아니다. 레바논과 시리아는 아랍 인이지만, 기독교인이 다수이다. 또 무슬림이라고 모두 아랍 인은 아니다. 터키는 무슬림이지만 아랍 인이 아니고, 이란도 무슬림이지만 페르시아인이다. 페르시아어로 말한다. 이란은 시아파의 종주국이다. 사우디아라비아 수니파 종주국과 갈등의 중심에는 석유와 미국이 있다. 아랍 인은 3억 명 정도 이지만, 페르시아인은 약 1억 명이다. 이란은 독자적 문화와 전통을 가진 정체성이 확실한 나라이다.

## 4.2 이란 혁명

혁명과 쿠데타는 다르다. 혁명은 민중의 참여로 권력의 근간 자체를 바꾼다는 점에서 일부 군인이 무력으로 정권을 엎는 쿠데타와 구별된다. 제프 구드윈 교수는 "혁명은 기존의 국가나 정권에 반하는 불복종, 불법, 폭력 등의 방법을 동원한 대중적인 사회운동을 통하여 국가나 정권을 몰아내고, 새로운 권력을 수립하는 것으로 단순한 정권교체에 그치지 않고, 정치 경제 사회 문화 모든 방면의 변화를 이룩하는 것이다."라고 했다. 이런 의미에서 세계적인 혁명은 프랑스혁명(1789), 러시아 혁명(1917), 중국혁명(1949), 이란혁명(1979)이 전형이라 할 수 있다. 어느 나라도 쿠데타는 있었지만, 혁명을 경험한 나라는 많지 않다. 일본은 잘사는 나라이지만, 혁명은 없었다. 한국도 쿠데타는 있었지만, 혁명은 없었다. 5.16혁명은 쿠데타이다.

현대 이란은 레자 샤 팔라비 황제부터이다. 그는 1921년 쿠데타를 하여 카자르 왕조를 타도하고 권력을 장악했다. 1925년 팔레비는 황제가 되었다. 이란은 20세기 전환기에 독일 러시아 영국의 침략을 받았다. 이차대전 중 이란 왕은 독일과 협력하였다. 전후 이란 왕은 영국과 소련의 압력으로 물러났다. 1941년 승계한 아들 팔레비는 산업화와 서구화를 추진하였다. 전통적인 이슬람의 법률 대신에 서구의 문화와 법률을 적용하도록 했다. 팔라비 왕은 침략을 당한 것은 근대화·산업화가 서구의 국가들에 뒤떨어졌기 때문이라고 판단했다. 팔레비는 대대적인 개혁을 단행했다. 이란횡단 철도의 건설, 고속 도로 건설, 학교와 병원의 설립, 여성의 자유화를 추진하였다. 여자들에게 차돌을 금지시키고, 학교에 다니게 했고, 영화관과 술집 등을 허용하고, 무슬림 달력을 폐지하고, 페르시아 왕조의 달력을 허용하였다. 산업화와 서구화를 추진하였다.

  이슬람 종교지도자의 불만이 높았다. 이슬람의 전통을 무시하고 서양의 문화를 직수입했다. 서구화에 대한 인식은 동양과는 다르다. 이란이 침략을 당한 것은 산업화·서구화에 뒤처진 이유라고 생각했다. 이란이 서양에 뒤처진 것은 불과 100년이고, 100년 전의 문화와 전통은 이슬람이 더 우수했다고 믿는다. 그래서 서양복장을 하지도 않는다. 이란의 후진성은 오히려 기독교보다 이슬람의 부패에서 온 것이라 판단한다. 인식이 우리와는 좀 다르다.

  혁명의 원인은 팔레비 왕가의 부패에 있다. 서구의 산업화로 인하여 많은 석유가 수출되어 1970년대 엄청난 외화가 이란으로 들어왔다. 천문학적인 달러가 황제의 가족과 일가친척의 손에서 탕진되고 있었다. 그 부는 황실 일가에 집중되었고, 팔레비의 왕자와 공주 63명이 가진 재산이 200억 달러를 넘었다. 왕족이 운영하는 재산이 300억 달러에 달했다. 석유의 수입으로 인플레가 일어나 물가는 솟아오르고, 외국인 노동자의 유입으로 실업자가 증가하였다. 그러나 다수의 농민은 천 년 전과 조금도 다르지 않는 생활을 했다. 빈익빈 부익부, 소득의 격차가 늘어났다. 성직자와 지식인은 팔레비 부정과 부패, 실정에 대한 반감이 높아갔고, 갑작스러운 서구화에 대한 국민의 반감이 높았다. 황제는 비밀경찰, 샤박(SAVAK)을 창설하고 서구화를 반대하는 공산주의자, 종교지도자, 민족주의자들을 투옥 고문하고 처형하였다.

호메이니는 이슬람교의 성직자 이맘(목사)이다. 반 팔라비 정부 활동으로 8개월간 복역을 하였고, 프랑스에 망명을 했다. 망명 중 호메이니는 이란에서는 최고의 지도자로 떠올랐다. 이슬람 율법으로 나라를 다스려야 한다고 주장했다. 반 팔라비 시위가 회교사원을 중심으로, 전통시장 바자(Bazar)를 통하여 확산 되었다. 대도시 중심으로 일어났다. 데모대는 서구화의 상징, 극장과 레스토랑을 파괴하고 방화하였다. 시위 때 마다 경찰과 충돌하여 사상자가 나왔다. 미국은 팔라비 왕을 지지하고 있었다. 석유 때문이다. 카터 대통령 때이다. 카터는 인권을 대표하는 대통령이다. 미국의 석유 이익을 위하여 팔레비 정권을 지지했다. 또 카터는 이란의 인권을 위하여서는 팔레비 정권을 묵과 할 수 없는 딜레마에 빠져있었다. 미국은 겉으로는 인권을 외치면서, 안으로는 CIA를 동원하여 정권유지를 도왔다. 이란 민중은 미국에 대한 반감도 함께 높아갔다.

데모는 전국의 도시로 확산되고 과격화 되었다. 모든 신문과 방송은 통제되어 있는 상황에서도 바자를 통하여 유언비어는 과장되게 유포되었다. 1978년 11월에는 전국의 노동자, 소방관, 심지어 경찰까지 파업하여 도시가 마비되었다.

1979년 1월 팔레비는 이집트로 망명하였다. 호메이니는 파리에서 귀국하고, 이란 혁명은 성공했다. 호메이니는 실세 권력자로 등장하였다. 왕정은 폐지되고 공화정이 수립 되었다. 서구화정책을 배격하고 신정정치를 취했다. 영화관, 술집, 레스토랑, 여학교를 철폐하고 이란의 모든 여성은 차돌을 차용해야 하도록 했다. 심지어는 외국인에게까지 강요했다. 종교혁명은 또 다른 부작용을 낳게 되었다.

아무리 좋은 근대화 정책도 부패하고 민중의 지지를 받지 못하면 실패한다. 팔레비 왕의 시도는 좋았다. 권력은 독점되고 부패하고 민중의 지지를 받지 못했다. 마침내 붕괴되고 혁명의 길로 갔다.

이란

이란

4장 페르시아(이란)

# 5장 이란과 한국과의 관계

　11세기에 기록된 페르시아의 서사시 〈쿠쉬나메 Kush-nameh〉(쿠쉬의 책이란 뜻) 작품이 있다. 1만 129절이라는 방대한 '쿠쉬나메'의 이야기 중 절반가량 신라에 관한 기록이 있다. 이희수 교수의 번역서에 이렇게 기록하고 있다. 7세기 중반 사산왕조가 아랍의 공격으로 멸망한다. 이때 부족장 아브틴(Abtin)은 이란인을 이끌고 중국으로 망명을 갔다가, 다시 신라로 망명을 했다. 신라왕 타이후르(Tayhur)는 아브틴 일행을 극진히 영접했다. 신라와 이란의 연합군이 중국의 침략을 막아낸다. 아브틴은 신라 공주와 결혼한다는 내용이다(KBS 파노라마. 2013.5 방영). 〈쿠쉬나메〉에는 경주의 골목, 정원, 도시 주변의 모습이 상세하게 기록되어 있다. 경주에는 페르시아의 유물과 경주 괘릉에 서역인 무인상이 있다. 재미있는 기록이지만, 고증은 안 된 이야기이다.

이란과 한국간에는 1969년 우호조약이 체결되었다. 1970년대 한국은 경제개발을 위하여 석유의 수입이 급증했고, 산유국과의 관계가 절실했다. 한국은 이란의 안정적인 원유 수입원을 확보하고, 이란에 건설 수주를 받고 건설노동자를 파견하여 외화벌이를 해야 하는 형편이었다. 지속적으로 양국의 교역량은 늘어났다. 교역의 주역은 박정희 대통령과 팔라비 왕이었다. 양국을 대신하여 한/이란 친선의 증표로 서울에 '테헤란 로' 테헤란에 '서울 로'를 이름 붙이기로 했다. 교역의 주인공인 테헤란 시장은 아이러니 하게도 1979년 이란혁명으로 처형되었다. 주역들은 모두 갔다. 그러나 양국의 관계는 해가 갈수록 증진되었다. 대 이란 수출은 68억불이고, 대 이란 수입은 113억 달러가 됐다. 2015년 이란과 교역규모는 22위 수입은 19위이다. 우리는 주로 원유, LPG, 나프타, 알루미늄, 아연, 견과류를 수입하고, 한국은 이란에 합성수지, TV, LCD, 냉장고, 에어컨, 세탁기, 자동차 부품, 화학기계, 함금, 철강 등을 수출하고 있다. 이란에게 한국의 통상규모는 수입이 3위이고, 수출은 7위 국가이다.

국제원자력 기구 IAEA에 신고하지 않은 우라늄 농축공장이 있다는 것이 인정되어 2006년 UN안보리 결의안 중심으로 이란의 경제제재에 들어갔다. 미국은 상/하원이 이란과 거래하는 모든 나라에게 경제보복을 할 것을 내용으로 하는 '포괄적 이란 제재 법'을 통과시켰다. 그러나 원유수입과 같은 엄중한 현실에 직면한 한국, 인도, 일본에 대하여 원유수입에 대한 제재는 완화하는 것 외에 한국도 미국의 뜻에 따라 이란제재에 동참하지 않을 수 없었다. 이란의 수출량이 절반으로 줄어들었고, 이란의 경제 성장률은 -1.9%, -1.5%로 머물고, 물가상승률도 30.5%, 42.3%에 육박하게 되었다. 경제가 절박한 상태가 되었다. 미국이 제재를 가하면 우리의 이해관계와 상관없이 따라가야 세계시장에 발을 딛고 살 수 있다.

금융위원회 외신 대변인은 '이란에 대문을 닫고 있지만, 창문은 열어두어야' 한다고 얘기했다. 미국은 지난 9월 대이란 제재조치를 하면서 한국에 대하여 동참할 것을 종용했다. 천안함 사고의 수습책으로 유엔결의안을 부탁하여 얻어낸 대신에 받은 부담이다. 특히 이란과 무역을 많이 하고 있는 한국이 동참을 하지 않을 때는 미국의 이란 경제제재의 의미가 없어진다. 미국의 요구에 따라 현대차는 대 이란 자동차 수출을 중단했고, GS건설은 받기로 했던 12억 달러의 계약이 취소되었다. 지난 5월 대 이란 수출은 4억9천만 달러

에서 2억5천만 달러로 감소했다. 우리의 수주 대신 이란은 모두 중국 제품으로 대체했다.

이란에서 '한류'의 열풍이 사막의 열풍만큼이나 대단하다. '대장금'의 시청률이 사상최고 90%에 이르렀다. 가정에서 TV채널 권만은 부인에게 있는 이란은 어느 집이나 막론하고 '대장금'이다. 그리고 그 뒤를 이어서 '주몽'도 히트를 해 87%의 시청률을 보이고 있다. 이란의 방송국이 생긴 이래 최고의 시청률이라 했다. 뒤를 이어 K-POP의 소녀시대, 싸이의 '강남스타일'이 치고 올라왔고 지금은 BTS가 대세이다. 대학생들에게는 한국이 대단히 인기 있는 나라가 되어있다. 이란인이 한국인을 볼 때 여자는 대장금, 남자는 주몽이라고 한다고 했다. 대장금은 이슬람문화에서도 일맥상통하는 바가 있다. 어려운 환경 속에서도 불굴의 정신으로 난관을 극복하고 나간다는 점이 이슬람의 기본정신과 일맥상통한다고 했다. 일시적이지 않도록 잘 관리를 해야 할 일이다. 미국만 아니면 양국관계는 좋다. 교역이 오래가려면 수지타산도 중요하지만, 문화의 교류가 되면 신뢰가 쌓이고 오래간다.

## 5.1 이란의 석유

알라 신을 믿으면 석유가 날까? 알라신을 믿는다고 석유와 천연가스가 산출되는 것은 아니지만, 이슬람교를 믿는 대부분의 국가들은 산유국이다. 이란은 세계 3위의 석유 매장국가이고, 천연가스는 1위의 매장국이다. 석유와 천연가스 매장량의 통계는 국제적으로 신빙성이 많이 떨어진다. 석유와 천연가스는 전략 자산이므로 나라마다 부풀리거나 축소해서 통계를 발표하기 때문이다. 현재 지하자원 중에 석유와 천연가스만큼 영향력이 큰 자원은 없다. 석유와 천연가스를 탄화수소(Hydrocarbon) 개념으로 통일 할 수 있다. 세계 탄화수소 보유량은 사우디아라비아 3,025억bbl, 이란 3,017억bbl, 러시아 1,983억bbl 순이다. 즉 세계 에너지 시장에서 영향력을 말한다. 러시아가 크리미아 반도를 덜렁 삼키는데도 EU와 미국이 강력한 제재를 하지 못하는 것은 러시아의 핵무기보다도 석유와 천연가스 에너지 때문이다. 크리미아 반도에 대하여 EU가 군사행동을 한다면 러시아는 EU에 가스공급을 중단 할 수 있다. 가스공급의 제재는 폭탄보다 더 위력적이다. 지금 세계 석유시장은 강대국들 간에 석유자원을 확보하기 위하여 보이지 않는 전쟁을 하고 있다. 세계 영토분쟁의 기저에는 석유에너지 확보와 관계가 있다.

국제법상 인정되는 242개 국가 중에서 석유를 생산하는 나라가 45개 국가이다. 2005년 5월, 1일 산출량 8천600만 배럴을 정점으로 석유 생산은 매일 줄어가고 있다. 2013년 1일 산출량은 7천800만 배럴이다. 석유는 언젠가는 고갈 될 자원이다. 그러나 석유의 수요는 늘어나고 있다. 석유 값이 올라가는 이유이다. 석유 값이 100달러까지 올라갔다. 배럴당 140달러까지 거래된 적도 있다. 지금은 세계 경기침체로 주춤하여 75달러 선에 있다. 석유의 국제가격은 비슷하지만 나라마다 석유 값은 그 나라의 금융정책에 따라 값이 다르다. 미국은 휘발유 1리터당 1천원 이지만, 한국은 1,800원이다. 한국은 자동차 기름에 53%의 세금을 붙인다. 선진국에서는 석유자원의 고갈에 대비하여 대체에너지를 적극 개발하고 석유소비를 줄이고 있다. 이란이 세계 석유시장에 대단한 영향력을 행사하는 것은, 보유하고 있는 석유자원도 중요하지만, 그보다도 세계시장에 유통되는 석유의 70%가 페르시아 만 안에 있기 때문이다. 즉 호르무즈 해협, 이란과 아라비아 반도 사이의 좁은 해협을 유조선이 통과해야 해야 한다. 호르무즈 해협을 위협 할 수 있는 이란의 지정학적 위치 때문이다.

두 번의 오일쇼크가 있었다. 한국이 한창 경제성장에 불이 붙어 있을 때이다. 1973년 1차 파동, 1979년 2차 파동이다. 1차 쇼크는 이스라엘과 이집트전쟁으로 산유국 OPEC이 석유값을 하루 아침에 4배, 배럴당 3달러 하던 것을 11.65달러로 올린 것이고, 2차 쇼크는 이란혁명으로 석유 값을 12.9달러 하던 것이 31.5달러가 되었다. 2.5배나 뛰었다. 당시 이란은 1일 생산 600만bbl, 세계 원유 최대 생산 국가였다. OPEC을 주도한 국가는 이란과 사우디이다. 사우디는 미국의 말을 잘 듣는 국가이지만, 이란은 아니다. 한국은 대 재앙을 맞이했다. 석유 값 상승으로 물가는 폭등하고 실업이 증가하고 마이너스 경제성장을 기록했다. 산유국들은 엄청난 달러수입으로 대대적인 건설사업을 했다. 한국은 중동의 건설수주와 중동의 건설노동자 송출로 전화위복의 기회로 만들었다.

한국은 대책 없이 석유와 천연가스를 많이 쓰는 나라이다. 원유의 수입이 세계 5위이다. 미국, 중국, 일본, 독일, 한국, 인도, 프랑스 순이다. 원유를 수입하여 가공해 수출한다. 석유가공 제품은 2위의 수출 상품이다. 한국은 아홉 번째 석유 소비국이다. 한국의 근대화는 석유와 같이 시작했다. 이란석유를 안정적으로 공급을 받기 위하여, 서울에 회교사원도 지었다. 한국의 근대화 → 석유산업 → 도시건설 → 테헤란로 이어졌다. 아이러니하게도 박정희 대통령은 1979년에 암살되고, 팔레비 황제는 같은 해 축출되었다. 두 분의 공통

점이 있다. 쿠데타로 정권을 잡았고 독재를 했다. 산업화를 주도했다. 석유자본을 이용했다. 민주화를 탄압했다. 한국은 2012년 현재 이란에 63억 불 어치를 수출하고, 148억 불의 물량을 수입하였다. 이란은 한국이 4위의 교역국이고, 한국은 이란이 19위의 교역국이다. 석유를 떠나서라도 이란과 선린 관계는 중요하다.

## 5.2 팔레비 황제 망명

절대 권력을 휘두르던 독재자가 권력을 내려놓으면 어떻게 될까? 그 두려움 때문에 독재자는 죽을 때까지 권좌에 집착한다. 국가 왕으로 대통령으로 친구처럼 가까이 지내던 정상들은 실각한 독재자를 어떻게 대할까 궁금하다. 독재자의 가족이라도 피난할 자리가 없어 헤매야 하는 것이 쫓겨난 독재자들의 현주소였다.

1979년 이란에서 혁명이 일어나자, 팔라비 황제 가족은 도피처를 찾아야 했다. 그토록 가까운 척하던 어느 국가원수도 선뜻 망명처를 제공하지 않았다. 내정 간섭을 하며 권력을 내려놓으면 망명처를 제공할 것이라고 했던 미국의 카터 대통령, 영국의 콜간 총리는 구원의 손길을 주지 않았다.

미국 내의 여론 때문이다. 망명처를 제공하면 얻는 것보다 잃는 것이 컸다. 팔레비 황제는 미국이나 영국으로 망명을 가고 싶어 했다. 카터는 국익에 도움이 되지 않는다고 외면해 버렸다. 외교로 맺은 친구 조차 권력을 놓으면 비정하게 돌아선다. 그러나 이집트의 사다트 대통령만은 이란 황제의 가족을 외면하지 않았다. 사다트는 인간적 의리로 황제의 가족을 맞이했다. 매우 고마운 일이었다. 사다트 대통령은 온전히 이집트 대통령의 개인 의리 때문에 이란 황제 가족에게 망명처를 제공했다.

팔라비 왕가는 많은 재산을 갖고 있었다. 이집트 사다트 대통령도 팔라비 황제로부터 적지 않은 뒷돈을 받았다는 이야기도 있다. 주었을 게다. 팔라비왕은 미국에 가고 싶어 했다. 카터 미국대통령은 팔라비 왕이 담석증과 임파선 암 치료를 위하여, 익명으로 6주간 미국에서 치료를 받는 것만 허용했다. 6주를 지나고 황제가족은 파나마로 갔다. 안정적인 망명처를 찾지는 못했다. 황제의 임파선 암은 깊어갔다. 이집트에 가서 치료를 받다가 망명한 지 1년도 안되어 1980년 7월 27일 죽었다. 사다트 대통령은 팔라비 황제의 장례를 국장으로 치르게 했다. 이란 황제의 묘지가 아직도 카이로 알 리피 사원에 안치되어 있다. 사다트 대통령의 황제에 대한 호의가 아랍 원리주의자들의 적개심을 불렀고, 사다트 자신도 뒷날 암살당하는 비운의 운명을 맞게 되었다.

팔라비왕은 이란을 개혁하여 근대화를 이루고자 했다. 여권을 신장하고, 교육을 강화하고, 기간산업을 육성하였다. 그러나 부패하고 국민의 지지 없는 개혁과 근대화는 독선이고, 전통 이슬람 종교지도자들의 반감을 샀다. 황제의 사치도 극에 달했다. 세 번째 부인 결혼은 세기의 뉴스가 되었다. 황후 파라 디바의 옷은 세계적인 디자이너, 입센 로랭이 직접 만든 화려한 가운을 입었고, 왕관에는 누르 울 아인(Noor-ul-Ain)이라는 세계에서 제일 큰 핑크 다이아몬드가 박혀 있다. 아들과 딸 3명을 두었다. 왕가의 재산은 이란 해외재산의 반이 황제의 재산이라 할 만큼 많았다. 팔라비는 국유화 한 석유수입을 가로채 엄청난 부를 축적하였고, 세계 굴지의 회사에 투자를 하였다. 바하마 제도에 망명을 갔을 때 섬 전체를 사려고 4억2천만불에 흥정을 하기도 했다. 황제는 신병을 안고 미국, 파나마, 멕시코, 바하마, 모로코, 이집트로 전전하다가 이집트에서 죽었다. 황제가 죽고 난후 황후 디바는 이집트에서 2년간 살았다. 왕가의 보호자였던 사다트 대통령이 암살당하자 미국에 망명처를 타진했다. 레이건 대통령은 망명을 허락하였다. 워싱턴 근교 메릴랜드에서 많은 재산으로 호화로운 생활을 하고 있다.

한국의 대통령 중에도 해외로 망명한 대통령이 있다. 3.15

부정선거를 저지르고 4.19혁명으로 권좌에서 쫓겨난 리승만 박사이다. 미국은 그에게 하야를 종용했고, 망명 처를 제공했다. 미국 CIA가 제공한 비행기를 타고 하와이로 갔다. 대통령과 부인 프란체스카는 조종실로 가 인사했고, 프란체스카 여사는 조종사에게 감사한 마음으로 끼고 있던 다이아몬드 반지를 선물하려 했다. 조종사는 받지 않았다 한다. 리승만 박사는 다른 나라의 독재자들과는 달리 망명할 때 돈을 챙기지 않았던 모양이다. 주변의 증언을 들어보면 경제 생활이 매우 어려웠다. 리박사는 하와이 친구의 도움과 교민의 후원금으로 생활을 했고, 작은 양로원에서 살았다. 향수병에 걸렸고, 실어증으로 영어를 하지 못했다. 병세가 악화되어 요양병원에 입원을 했다. 대한민국의 대통령은 다른 후진국가에 비하여 도덕성은 높이 평가 할 만하다. 여러 명의 독재자가 있었다. 누구도 스위스 은행 비밀계좌에 돈이 있다는 이야기를 듣지는 못했다. 이 박사의 사후 프란체스카 여사는 그녀의 친정 오스트리아에 갔고, 친정 두 언니와 함께 살았다. 망명한 독재자의 부인이 친지를 찾아가 같이 산다는 것도 그렇다. 1970년 한국정부가 귀국을 허락하여 한국에 돌아와 이화장에서 살았다. 92세의 나이로 죽었다.

# 6장 이라크 전쟁(이라크)

이라크는 메소포타미아 문명의 발상지이다. 사막에 물이 흐르는 지역이다. 사람 살기에 가장 좋은 곳이다. 두 개의 강이 흐른다. 티그리스 강과 유프라테스 강이다. 티그리스는 동북쪽에, 유프라테스는 서북쪽에서 흘러내린다. 두 강은 모두 터키 아나톨리아 고원에서 발원한다.

후세인 이라크 대통령은 미국에게는 악마이지만, 이라크 국민에게는 영웅이다. 후세인은 민족주의자이다. 힘이 약하면서 미국에 대들었다가 망했다. 국가를 책임지고 있는 지도자는 자존심과 정의만으로 정치를 할 수는 없다. 아무리 자국민의 지지가 있어도 안 된다. 역사적으로 두 번이나 당했다. 한번은 몽골의 침입으로 바그다드는 쑥대밭이 되었다. 21세기 초반에는 미국에게 당했다.

세계문명의 발상지라서 그런게 아니라, 전 국토가 평야인데다가 땅은 비옥하고, 석유가 산출되는 나라이다. 강대국이 탐을 냈다. 미인박명이란 말이 있다. 아름다운 여인은 뭇 사내들이 넘어다보면, 자기가 원하는 운명대로 살아갈 수가 없다는 이야기이다. 이라크가 그랬다. 세계에서 가장 살기 좋은 곳이고 자원도 많은 땅이었다. 이웃 나라들이 탐을 냈다. 외교를 잘해야 했다. 자존심만 세우다가 나라는 망했고, 국민은 난민의 신세가 되었다. 세계사에 던지는 메세지가 있다. 자이툰 부대에서 나는 이런 연설을 했다. "여러분은 아시아에서 두 번째로 온 군대입니다. 몽골군과 한국군입니다. 13세기 몽골군은 바그다드를 초토화 시켰지만, 21세기 한국 자이툰 부대는 이라크에 평화와 번영을 남길 것입니다."

## 6.1 이라크 전 (1)

이란과 이라크가 싸울 때(1980-1988) 미국은 이라크 편을 들었다. 미국 대통령 전권대사 럼스펠드(Rumsfeld)는 후세인을 찾아가서 '이라크와 미국은 친구'라고 했다. 이라크는 이란이 혁명으로 혼란한 틈을 타서 이란을 공격했다. 페르시아 만의 유전지대와 샤트알아랍(Shatt al Arab)을 장악하기 위한 전쟁이다. 샤트알아랍은 티그리스와 유프라테스 강의 바스라에서 합류하여 페르시아 만으로 들어가는 수로이다. 수도의 동편은 이란, 서편은 이라크가 관할하고 있다. 항상 이란과 이라크는 수로이용권으로 갈등이 있다. 이라크는 페르시아 만에 접한 해안이 48km에 불과하다. 이라크가 이란 혁명 혼란기를 틈타 먼저 침략을 했다. 8년간의 전쟁은 교착상태에 빠지고 UN의 권유로 휴전하였다. 수십만의 군인과 민간이 죽고, 산유시설과 정유시설이 파괴되고 말았다.

1983년 레이건 미국 대통령은 이라크와 이란 전쟁 때 이라크 편을 들었다. 무기도 팔고 CIA는 정보도 주었다. 사이가 좋았다. 이란 이라크전은 1988년 전쟁이 끝났다. 이라크는 엄청난 전쟁 피해를 입었다. 전쟁 중에 석유를 팔아 이익을 챙긴 나라는 사우디아라비아와 쿠웨이트였다. 특히 인접한 쿠웨이트는 전쟁 중에 이라크와의 국경지대 석유를 채굴하였다. 이라크에 전비를 빌려주었다. 전후 이라크는 쿠웨이트에게 전비를 탕감해 줄 것과 전쟁 중에 인접한 유전지대에서 가져간 석유를 내 놓으라고 했다. 쿠웨이트는 미국을 믿고 'No' 했다. 이라크는 쿠웨이트를 공격했다. 쿠웨이트 왕은 사우디아라비아로 피난을 갔고 미국에게 SOS를 쳤다. 1991년 미국은 쿠웨이트를 도와 이라크와 전쟁을 했고, 쿠웨이트 실지를 회복해주었다. 제1차 걸프전(Gulf War, 1991)이다.

이라크는 친구 미국과 적대국이 되었다. 10년이 지났다. 2001년 9.11 테러가 일어났다. 미국의 무역회관, 펜타곤, 백악관이 항공기로 테러를 당했다. 사상 최악의 테러였다. 알카에다의 짓이다. 미국의 분노가 대단했다. 세계는 숨을 죽였다. 부시 대통령은 세계를 행하여 소리 질렀다. '우리와 같이 하면 친구이고, 아니면 적이다(With us friend or enemy)' 미국을 방문하지도 않고도 대한민국의 대통령이 된 배짱 좋은 노무현도 어쩔 줄 몰라 했다. 불똥이 어떻게 될 줄 몰랐다. 부시 대통령은 알카에다를 숨기고 지원한 나라로 아프가니스탄과 이라크를 지목했다. 미국은 먼저 아프가니스탄을 박살냈다. 탈레반이 숨겨둔 알카에다 일당을 내놓으라는 최후통첩을 아프가니스탄 탈레반 정부는 거절했기 때문이다.

다음으로 미국은 배후로 후세인을 지목했다. 죄목은 여러 가지이다. 알카에다를 숨겨준 죄, 이란과 싸울 때 후세인은 화학무기를 사용하여 소수민족 쿠르드족을 학살한 죄. 독가스를 비롯한 대량살상무기를 보유한 죄를 거론했다. 이라크의 후세인 대통령은 미국의 의도를 간파하고 UN의 결의안에 따라 이라크 내 모든 사찰을 수락하였다. 유엔감시단 독일과 프랑스가 들어가서 조사를 했다. 그러나 대량살상무기(WMD: Weapons of Mass Destruction), 핵무기, 세균무기, 화학무기는 없었다.

성난 미국은 유엔결의안과는 관계없이 이라크와 전쟁을 상원에서 의결하고 미국 단독으로 이라크를 침공하였다. 서방언론은 30만의 이라크 공화국의 수비대는 후세인에 대하여 충성심이 대단하고 소련제 무기로 무장을 하여 난공불락의 방위군인 것처럼 포장하였다. 미국 CIA는 모든 정보를 알고 있었다. 이라크는 미국 신예의 무기 실험장이 되었다. 항공모함에서 토마호크의 미사일 발사, 신예 탱크의 투입, 패트리엇 방어 미사일, 스텔스 폭격기 등이 동원되어 이라크의 수도 바그다드를 침공했다. 작전 개시 2주일 만에 이라크는 칼로 풀을 벤 듯(swath) 초토화 되었고, 21일 만에 종전을 선언했다. 미군 앞에 이라크 군대는 허수아비였다. 후세인의 바트당은 해산했다. 후세인은 숨어 다니다가 2006년 체포 되어 사형언도를 받고, 바그다드에서 교수형에 처해졌다. 깨끗이 정리된 듯했다.

미국은 혼자 전쟁을 치룰 수도 있지만, 명분을 위하여 우방국인 영국, 호주, 한국도 참전을 요구하였다. 노무현 정부는 난감한 입장을 표명 하자, 한국군을 파병하지 않으면 한국에 주둔하고 있는 미군 1개 사단을 빼서 이라크로 보내겠다고 위협하였다. 나는 당시 국회 국방위원이었다. 정부는 파병을 결정했다. 나는 정부의 입장을 이해한다. 명분 없는 파병이다. 나와 임종인 의원은 파병을 반대했다. 국회에서 만장일치로 파병을 찬성 할 수 있는 일은 아니었다. 한국은 2004년 '자이툰(Zaitun) 부대 연 인원 2만 명을 파병하였다. 미국, 영국, 다음으로 많은 병력이었다. 주둔군 3,800명을 유지하였다. 4년 뒤 2008년 철군하였다.' 자이툰은 올리브란 말이다. 올리브는 명예와 평화의 상징이다. 자이툰 부대는 다행히 전투부대가 아니고, 건설과 의료, 기술교육을 위한 전후 재건을 위한 부대였다. 쿠르드족이 거주하는 티그리스 강 유역 도시 아르빌(Irbil, 인구 130만)이었다. 미국은 만족하지는 않았지만, 그렇게 넘어갔다. 월남전 다음으로 대군을 파병했다.

## 6.2 몽골 침입

13세기 세계는 몽골군을 중심으로 돌아갔다. 징키스 칸은 유목민을 통합하여 제국을 건설했다. 전쟁의 승패는 무기와 군수이다. 바그다드의 압바스 왕은 몽골군이 아무리 빠르게 움직여도 바그다드까지 한 달은 걸릴 것이라 예상했다. 몽골군은 10일 만에 벌써 아르빌에 도착했다. 말을 탄 채로 육포와 마유로 식사를 했고, 말을 탄 채로 활을 쏘고 칼을 휘두르는 기술이 있었다. 병사 1인당 7, 8 마리의 말을 데리고 다녔는데, 말이 지치면 바꾸어 타고 다녔고, 허약한 말은 잡아 식량을 했다. 유럽 보병의 행군 속도가 하루 20km, 몽골군은 하루 평균 70km를 행군 할 수 있었다. 공성(攻城)에 뛰어났다. 투석기와 화약을 사용하였다. 13세기 세계 어느 왕국도 몽골군과 상대가 되는 군대는 없었다. 지금의 미국이다. 미국이 세계의 경찰 노릇을 할 수 있는 것은 지구상 어느 곳에라도 하루 만에 군단 병력과 상응하는 무기를 이동 할 수 있기 때문이다. 세계 어느 국가도 미국에 비견할 국가는 없다. 미국 국방비는 중국, 러시아, 일본, 영국, 프랑스를 합한 것보다 많다. 미국은 전 세계와 전쟁을 할 수 있는 나라이다.

 몽골의 쿠빌라이는 고려를 침략(1259)하여 속국으로 만들었다. 한편 쿠빌라이의 형, 훌라구는 일한국의 칸(왕)으로 서남아시아를 정복하고 대제국을 건설하였다. 몽골군은 1258년 바그다드를 침략하였다. 바그다드는 당시 인구 100만의 도시로서 세계에서 가장 번성했던 국제 도시였다. 다민족, 다종교 사회였다. 압바스 왕조는(750-1258) 지금의 인도, 파키스탄 이란, 사우디, 아프가니스탄, 북아프리카 전역, 스페인까지를 커버하는 대제국을 건설하였고, 그 중심지가 바그다드였다. 바그다드는 각 지방에서 연결되는 도로, 수로, 운하 등의 교역로가 확대되어 세계 사상 유례를 찾아 볼 수 없는 교통 통신 네트워크를 구축하고 찬란한 문명을 향유하고 있었다. 당시 바그다드는 동서의 교역, 관개 농업의 발달로 산업혁명 이전의 최대 최고 번영을 누리는 도시였다. 13세기의 과학, 경제, 문화가 절정에 이르렀다. 이라크에서 가져간 과학과 기술이 이탈리아의 르네상스에 기여했다.

바그다드 소재 지혜의 집(House of Wisdom)은 전 세계의 학자들이 모여서 토론하고 출판을 하였다. 바그다드의 수학, 천문학, 의학, 화학, 합금 기술이 당시 최고로 발달하였다. 압바스 왕조는 바빌로니아 전통문화를 기초로 하여 아라비아, 페르시아, 그리스, 인도, 중국 학문을 수용 융합하여 이슬람 학문과 과학기술을 발전시켰다. 이슬람문화는 유럽 문명의 모태가 되었다. 역사학, 지리학, 지도학이 발달하였고, 그리스어와 인도어가 번역되었고, 지혜의 집에는 당시 세계 최고 수준의 도서관이 있었다. 콜럼부스가 서인도제도를 가기 위하여 참고했던 지도학, 여행서는 모두 이슬람의 서적이었다. 이슬람의 지도학과 지리학은 최고 수준에 이르렀다. 근대 서양 과학 발전에 지대한 영향을 미쳤다.

몽골군의 침략으로 찬란했던 이슬람 문명은 사라져 버렸다. 매우 야만스러운 침략이었다. 문화재는 파괴하고 불태우고, 사람은 죽였다. 몽골군은 운하를 영원히 회복하지 못할 만큼 철저하게 파괴했다. 당시 살고 있는 농민은 모두 타지로 떠나버렸고, 돌아오지 못했다. 몽골군은 유목민이다. 그들에게 좋은 땅은 경작지가 아니라 목초지이다. 훌라구는 1258년 1월 29일 성을 포위하여 성을 파괴하기 위하여 투석기를 통하여 돌을 던지고, 성을 붕괴시키기 시작하였다. 칼리프는 교섭을 위하여 3천명의 화해 사절을 보냈으나 모두 살해 했고, 2월 10일 항복을 했으나 1주일간 성에 들어가지도 않고, 성 밖의 백성을 무자비하게 학살하였다. 학자에 따라서 당시 몽골군이 죽인 숫자가 9만 명, 10만 명, 100만 명까지 이른다고 주장한다.

몽골만이 아니었다. 어떤 제국도 세계에서 가장 살기 좋은 메소포타미아의 중심지 바그다드를 그냥 두고 지나지는 않았다. 기원전 알렉산더는 바빌로니아(바그다드)를 점령하였고, 몽골, 그 후 사마르칸트에 일어난 티무르제국, 오스만 제국도 바그다드를 침략하고 유린하였다. 21세기의 이라크를 보면 13세기의 몽골제국 침략을 떠 올리게 한다. 바그다드는 세계최강의 군사 대국 미국에게 당했다. 철저하게 파괴되었다. 미국 이라크 전쟁의 후유증으로 100만 명이 죽고 주민은 모두 난민이 되었다. 지금 선진국이 탐내는 것은 농업용 토지가 아니다. 석유이다. 부시 대통령은 석유재벌 출신이다. 이라크의 석유 매장량은 사우디 다음으로 많다. '미인 박복'이란 말이 있다. 속설과 같이 살기 좋은 땅은 어느 침략자도 그냥 지나치지 않았다.

## 6.3 이라크 석유

미국이 이라크 전에 전력투구하는 이유가 무엇일까? 진정 세계평화를 위하여 전쟁을 한 것일까? 아니면 이라크의 경제발전과 민주주의 국가를 세우기 위한 것일까? 1990년 미국 CIA는 후세인이 핵무기를 만들기 위하여 '노랑 떡(Yellow cake/우라늄 속칭)'을 니제르에서 500kg을 수입해서 바그다드 남쪽 20km 투와이타(Tuwaitha)에 저장 해두고 있다는 정보를 주었다. 미국은 사실 확인을 위하여 조셉 윌슨 전 대사를 파견했다. 그는 귀국하여 부시에게 '명백한 거짓말(Unequivocally wrong)'이라고 보고 했지만, 부시 대통령은 군사 개입을 계속 준비하였고 이라크에 쳐들어갔다. 뉴욕 타임지의 보도이다.

바그다드 주변에서 일어난 어떠한 제국도 그 시대의 패자

(覇者)가 되면, 바그다드를 그냥 두고 넘어가지 않았다. 왜냐하면 바그다드는 당시 많은 인구가 있고, 풍부한 농업자원과 동서교역의 중심지로 가장 발달된 문명의 중심지였기 때문이다. 바그다드는 역사적으로 보면, 스스로 패자가 되거나 아니면, 주변 패자의 지배를 받았다. 20세기부터 이라크 자원은 메소포타미아의 농업에서 석유로 바뀌었다. 이라크 석유자원 확인매장량은 세계 5위다. 러시아, 캐나다, 이란, 사우디 다음으로 1천400억 배럴이고, 유전은 대부분 지금 쿠르드족과 시아파가 살고 있는 남부지방이고, 수니파가 살고 있는 북쪽은 현재의 산유지역이다. 이라크의 석유매장량 추정은 들쭉날쭉하다. 전쟁과 내전으로 정확하게 석유매장지역을 탐사하지 못했다. 주요 매장지는 바스라(Basra), 바그다드(Baghdad), 라마디(Ramadi), 바아이(Ba'ai Hassan) 주(州)이다. 미국의 에너지 국(DOE)은 세계 석유 매장량을 2003년의 1조112억 배럴을 공식자료로 쓰고 있다. 이는 1970년대 자료이다. 뒤에 미국 지질조사국(USGS)은 2005년 7조8천억 배럴, 이라크 전 석유장관은 3조 배럴이 매장되어 있다고 했다. 전 세계적으로 석유의 전략적 가치 때문에 산유국 마다 매장량을 부풀리고 있어, 정확한 자료는 가늠하기 힘들다. 목적에 따라 매장량을 조정하고 있다.

전후 유전 시설이 복구 되지 않았다. 목표량을 수출하는

데 들어 갈 인프라 구축 비용이 1천억 달러가 소요 될 것이라 한다. 이라크의 석유 법은 석유가격과 관계없이 채굴회사에 배럴당 1.4달러의 고정이익을 보장하고, 나머지는 이라크 정부 수익으로 한다로 되어있다. 그러나 석유채굴을 둘러싼 이라크 관리와 정치권의 부패 때문에 산유량이 제대로 보고되지 않고 있다. 석유 실질적 생산량은 늘어나는데 통계 수치는 줄어가고 있다. 그 차익을 관리가 챙기거나 밀수출 되고 있다. 국제에너지협회는 2014년 이라크의 석유생산은 매일 50만 배럴에서 360만 배럴로 증가했다고 발표했다. 이라크에는 2000개의 유정(oild well)이 있다.

1979년 후세인 정권 때부터 석유자원을 국유화하고 독점적으로 자산운용을 해왔다. 후세인은 쿠르드 족과 시아파를 탄압했다. 통치권을 강화할 필요는 그들이 살고 있는 땅에 석유가 매장되어 있기 때문이다. 미국은 이라크에 2003년부터 전쟁을 끝내고, 2011년 철군 할 때까지 안정적으로 석유자원을 확보하기 위한 친미정권을 수립하는 일에 주력했다. 이라크가 세계 5위의 석유매장량을 갖고 있다는 것과 무관하지 않다. 미국은 이라크의 석유와 천연가스 시설 현대화를 위하여 20억불을 2008년까지 투자하였다. 미국은 직간접적으로 이라크의 석유산업 발전을 위하여 향후 1천억 달러를 더 투자 할 것이라고 했다. 석유의 탐사도, 석유의 채굴

기술, 석유의 판매와 정유, 경영과 회계도 모두 미국 회사가 독점하고 있다. 미국은 이라크 전쟁으로 양보할 수 없는 자원을 확보하기 위하여 미군이 4천491명이나 죽었다.

한국도 참여하고 있다. 한국이 미국, 영국 다음으로 많은 병력을 파병했으므로 건설 재건사업에 한국이 3번째 많은 수주를 받을 것이라고 했다. 사실은 미국과 영국이 다가져 가고, 자그마한 가스 정(Gas well)을 하나 만 따냈다. 이라크 최대 유전지대인 바스라(Basra)주의 아스 주바르(Az Zubayr)시는 페르시아 만에 있다. 한국의 가스공사(KOGAS)는 19%의 지분을 갖고 이라크와 공동으로 투자를 하여 천연가스를 채굴하고 있다. 이라크는 채굴하는 천연가스 배럴 당 2불을 받는다. 한 해 동안 1억6천 만 불의 매출을 보였다. 한국석유공사는 참고로 세계 최대 LNG 수송선을 갖고 있는 회사이다.

메소포타미아 북쪽, 쿠르드족과 시아파가 점유하고 있는 곳이 주요 석유 매장지이고, 여기에 IS가 모술을 중심으로 활동 거점을 확보했다. 석유를 통하여 자금을 확보 할 수 있기 때문이다. 이라크가 시아파, 수니파, 쿠르드 지역으로 자치지역이 분할되어 있는 것도 기름 때문이다. 이라크의 국내정치와 국제정치를 제대로 보려면 석유를 들여 다 보아야 한다.

이라크

# 7장 메소포타미아

　이라크는 43만㎢, 남한의 4배가 넘는다. 인구는 3천600만 명, 일인 당 국민소득은 7천100불이다. 동쪽에는 이란, 북쪽에는 터키, 서쪽에는 시리아와 요르단과 서남쪽에는 사우디아라비아가 있다. 페르시아 만에 쿠웨이트가 있다. 지구가 둥글기 때문에 어디가 중심이라 할 수는 없지만, 이라크는 페르시아 만의 좁은 출구를 제외하면, 국토 전체가 이슬람 국가로 둘러싸인 이슬람 국가 한 가운데 있다. 시아파가 65%, 수니파가 35%를 차지한다.

　메소포타미아(Mesopotamia)는 그리스 어이고, 아랍어는 '알 자지라' (Al Zajira) 섬(Island)이다. 티그리스와 유프라테스 강 사이, 즉 하중도(河中島)를 의미한다. 메소포타미아는 대부분이 이라크 지역이다. 상류는 터키 남부와 시리아 동부, 하류는 이란의 남서부가 포함된다. 메소포타미아는 서구문명의 요람이다. 청동기 시절 BC 3000년 전에 벌써 문자가 있었다. BC 332년 알렉산더는 당시 이곳을 지배하고 있던 페르시아 제국을 멸망시키고 원정을 갔다가 돌아 오는 길에 바빌로니아, 지금의 바그다드에서 죽었다(BC323년).

 7세기 경 일어난 이슬람 제국은 조로아스터교를 믿고 있던 사산왕조를 정복하고 651년 이슬람 제국으로 대체했다. 몽골군의 침략으로 몽골제국이 들어섰다. 13세기 몽골 징기스칸의 손자 훌라구가 침입하여 바그다드를 황폐화시키고 일한국을 세우고 지배를 했다. 몽골군은 이란 이라크에 살았던 주민을 몰살시키다 싶이 했다. 전 인구의 2/3를 살해했다. 20세기 중반에 와서야 몽골침입 이전의 인구 수를 회복했을 정도라고 한다. 다음이 무굴제국이 지배했고, 다음이 사파비드왕조, 아사리드왕조, 잔드왕조, 카자르왕조, 팔라비왕조로 이어진다. 수없는 전쟁을 치룬 곳이고, 독일의 식민지와 영국의 지배를 거쳐서 지금에 이르렀다. 우리와는 다르다. 메소포타미아가 중동에서 일어난 전쟁의 한중간에 있었던 것은 사람이 가장 살기 좋은 자연환경과 무관하지 않다. 기원전부터 문명을 이루고 많은 사람이 살았다. 그래서 주변의 제국이 일어나면 메소포타미아 지역은 그냥 지나치는 법이 없었다. 메소포타미아를 두고 서로 전쟁을 했다.

 티그리스와 유프라테스 강은 터키의 아나톨리아 고원에서 발원한다. 북쪽은 농업지대이고 터키, 시리아, 이라크의 영토이다. 남북 메소포타미아로 나누어 설명한다. 북 메소포타미아는 수도 바그다드 이북을 말한다. 즉 유프라테스와 티그리스 사이에서 남쪽으로 바그다드까지를 말한다. 시리아 평야는 비옥하여 곡창지대이다. 두 강 사이에는 많은 도시가 발달해 있다. 북쪽 터키에서 시작하는 카불 강은 평원을 지나서 터키 북부에서 유프라테스 강으로 유입된다. 주요도시는 티그리스 강유역의 모술(Mosul, 130만)과 아르빌(Irbile, 2백30만), 키르쿠크(Kirkuk, 85만)는 이라크의 북부 중심도시들이다. 유프라테스 강은 시리아 영토를 경유하여 이라크로 들어 온다. 동쪽 티그리스 강 쪽보다 더 건조한 사막이다. 라카(Raqqah, 22만)가 있다. 라카의 타바카 댐(al Tabqa Dam)은 타와카 댐(al Thawra Dam, Euphrates Dam)으로도 알려져 있다. 댐의 높이가 60m, 길이가 4.5km이다. 타바댐은 발전과 관개를 위한 댐이다. 1973년 소련의 도움으로 건설했다. 유프라테강 상류에 터키는 케반(Keban) 댐을 건설했다. 자연히 시리아와 이라크는 댐을 두고 갈등이 일어났다. 댐에 물을 다 채우지 않는 조건으로 봉합이 되었다. 지금 이집트와 에티오피아가 르네상스 댐을 두고 갈등을 하고 있는 것도 같은 이유이다. 국가간을 흐르는 강은 반드시 하류에 있는 국가와 협의를 거쳐서 댐을 막아야 한다. 사막을 흐르는 강의 상류에 물을 잘라 쓰는 일은 하류 주민의 생명선을 건드리는 매우 위험한 일이다. 이라크와 시리아 분쟁의 원인이 되었다. 사우디와 소련의 중재로 전쟁의 위기는 피했다. 터키, 시리아, 이라크간의 협정(1987년)에 따라 매초 500톤 물을 흘려보낸다는 조건으로 봉합이 되었다. 아사드 호(Lake Assad)가 생겼다. 유프라테스 강은 건조하고 상류 터키부터 많은 댐을 막아 하류로 내려오는 물길을 가로 막고 있다. 알 하사카(19만명)가 있고, 터키의 디아르바카르(84만명)가 있다. 시리아의 평원은 시리아의 밀 바케츠라고 불리는 곡창지대이다. 인류의 역사가 시작되면서 지금까지 사람이 계속해서 살고 있는 곳이다. 아사드 댐 건설로 많은 문화유산이 수몰되었다.

남 메소포타미아는 건조한 사막지대이다. 그러나 큰 강의 하류이므로 늪지대가 많다. 농업만이 아니라 강에서 어업도 성했다. 지금은 유전지대이다. 석유 산업의 중심지이다.

남부 메소포타미아는 남부 이라크와 쿠웨이트, 서부 이란을 포함하는 지역이다. 메소포타미아는 지리적 개념뿐만 아니라 역사적인 개념으로도 쓰인다. 메소포타미아 문명은 지금 서구문명의 기초를 만들었다. 이 지역의 기후는 건조기후지역이고 반 사막기후이다. 유역면적은 늪지, 라군(석호), 갈대 숲으로 이어지고 남쪽 끝 부문에는 유프라테스 강과 티그리스 강이 합류하여 페르시아 만으로 유입된다.

남 메소포타미아에서 가장 중요한 지역은 페르시아 만 입구 샤트알아랍(Shat al Arab) 지역, 합류지점에서 페르시아 만 입구까지이다. 유프라테스 강과 티그리스 강이 이라크의 바스라 시의 북쪽에서 합류한다. 원래는 늪지이고 삼각주이지만, 두 강이 합류하므로 큰 강이고 운하가 되었다. 대형 유조선이 드나든다. 여기가 이라크, 이란, 쿠웨이트의 접경지역이다. 이 지역을 두고 오토만제국과 페르시아 제국 간에 전쟁이 있었던 곳이다. 20세기부터 금세기에 이르기까지 이라크와 영국, 이라크와 이란, 이라크와 쿠웨이트, 이라크와 미국 간 전쟁을 했다. 전쟁의 이유는 기름 때문이다. 석유를 서로 차지하려고 전쟁을 했다. 지킬 힘이 없는 자가 현금을 많이 갖고 있으면, 주변의 도둑들은 항상 그 재산을 넘어다 본다.

## 7.1 바그다드

대영박물관과 루브르박물관을 비롯하여 선진국의 박물관

에는 엄청난 규모의 문화재가 있다. 모두가 아시아와 아프리카 대륙에서 약탈해 간 것이다. 그러나 잘 보존되어 있어 언제나 가면 볼 수가 있다. 유홍준 교수는 대영박물관과 루블박물관을 장물아비라고 했다. 지구인의 눈으로 보면 꼭 중국, 이집트, 이라크에 문화재를 따로 둘 이유가 없다. 잘 보존되어 있어 언제나 볼 수 있으면 된다. 역설적이지만, 보관할 능력이 없는 후진국에서 잘못 보관하여 훼손시키는 것보다 낫다. 전쟁으로 지구상에 사라진 문화재가 많다. 세계 문화유산 중에서 전쟁으로 불 타버린 것 중 정말 아까운 것은 이집트의 '알렉산드리아 도서관'과 바그다드에 있었던 '지혜의 집'(The House of Wisdom)이다. 한마디로 원본 없이 백과사전이 타버린 격이다.

현대의 과학과 기술은 오랜 세월 동안 누적되어 이루어진 것이다. 현대 천체 물리학, 지구과학, 화학, 의학, 지리학은 중세시대 바그다드의 '지혜의 집'에서 일어 났고, 비잔티움 제국을 거쳐서 현대 유럽의 과학기술의 기초가 되었다. 8세기에서 13세기까지 500년 동안 '지혜의 집'에서는 그리스 학자, 페르시아 학자, 시리아 학자, 인도 학자들이 학문을 연구하고 아랍어로 번역하였다. 학자라면 기독교, 유대교, 조르아스타교를 가리지 않고 숙식을 제공하고 환영 받았다. 학문을 연구하고 엄청난 업적을 쌓았다. 아랍제국이 가장 자랑하는 문화유산이었다. 그러나 그 문화유산은 현존하지 않는다. 중세의 과학기술은 기독교 문화권에서 일어난 것이 아니라, 이슬람권에서 일어났고, 그 중심이 바그다드였다.

바그다드의 아랍 어원은 바그(Bagh) = 신, 다드(Dad) = 주어진(given by), 바그다드는 '신의 선물'이란 뜻이다. 그리스, 페르시아, 러시아 어원도 비슷하다. 바그다드를 세계적인 도시로 만든 것은 762년 아랍제국의 만수르 황제가 시작했다. 바그다드에 도읍을 정하고, 성채를 쌓고, 세계에서 가장 살기 좋은 도시로 만들었다. 성채는 2.5km의 원형성곽이었고 40㎠의 벽돌로 쌓았다. 왕궁을 중심으로 '지혜의 집'도 여기에 있었다. 성의 기저는 44m이고, 상부는 12m, 높이는 30m이다. 그리고 주위에는 물을 가득 채운 해자(垓子)가 있다. 당시 인구는 120만명, 세계에서 가장 큰 도시이자, 가장 살기 좋은 도시였다.

바그다드는 티그리스 강 유역에 있다. 완전한 평야이다. 산이 없다. 건조기후이다. 여름에는 41도까지 올라가 세계에서 가장 뜨거운 도시였다. 그러나 티그리스 강이 흐르고 있으므로 물이 풍부하다. 당시 세계 제1의 도시로 발전 할 수 있었던 것은 1) 티그리스 강유역의 넓은 충적지에서 풍부한 농산물, 2) 티그리스 강을 따라 페르시아 만에서 바그다드까지 무역선이 자유롭게 다닐 수 있는 수로, 3) 중국, 인도, 유럽, 북아프리카를 잇는 실크로드의 중심이었기 때문이다. 즉 풍부한 농산물과 교통의 중심이 바그다드의 배경이었다.

몽골제국과 티무르제국이 물러간 뒤 오스만제국이 들어섰다. 연이은 전란과 흑사병, 콜레라 전염병에 감염되어 전 인구의 1/3이 감소하였다. 1907년의 인구는 18만5천명, 20세기 초반까지도 800년 전의 인구를 회복하지 못했다. 1970년대 석유 값의 폭등으로 활로를 찾고 시가지, 도로, 상하수도를 정비하고, 바그다드로 들어오는 고속도로를 건설했다. 또 이란과 이라크전쟁, 뒤이어 미국의 침략으로 이라크의 수도 바그다드는 다시 전화 속으로 말려 들어갔다. 현재 인구 900만 명, 카이로, 이스탄불, 테헤란 다음으로 큰 도시이고, 이라크의 수도이다. 그러나 아랍권에서 가장 살기 좋다던 도시는 2012년 현재 메르세르(Mercer)의 조사에 의하면, 전쟁과 테러로 세계에서 가장 살기 싫은 도시로 자리 매김을 하였다.

800년 전 세계에서 가장 살기 좋은 도시가 왜 가장 살기 싫은 도시가 되었을까? 산천은 의구한데 인걸은 간데 없네..라는 시조가 있다. 자연은 800년 전이나 다름이 없는 좋은 환경이다. 사회적 환경이 달라졌다. 동족 간에 테러와 전쟁 때문이다. 전쟁 때문에 바그다드는 황폐되고 아직도 과거의 영광을 되찾지 못하고 있다. 6.25전쟁으로 폐허가 된 서울과 평양은 되살아났다. 서울은 남한에서 가장 살기 좋은 도시이고, 평양은 북한에서 가장 살기 좋은 곳이다. 다시 한 번 전쟁이 일어나면 회복 할 수 없는 나락으로 떨어진다. 바그다드는 한반도에 타산지석이 된다.

## 7.3 바스라

티그리스 강과 유프라테스 강은 페르시아 만 북쪽 200km 지점에서 합류하여 하나의 강이 되어 페르시아 만으로 흘러들어간다. 합류 지점부터의 강을, 샤트 알 아랍(Shatt al-Arab)이라 한다. 바스라는 샤트 알 아랍 부근의 가장 큰 도시이다. 이라크가 페르시아 만에 면한 해안선은 48km에 불과하지만, 매우 중요한 지역이다. 기독교 창세기에 나오는 아담과 이브가 먹은 선악과 나무(tree of the knowledge of good and evil)의 전설이 있는 곳이 바스라이다. 이라크가 이란과 전쟁을 한 것도 바스라 지역에서 시작했다. 이라크 바다로의 출구는 유일하게 바스라를 통한다. 해안에 석유와 천연가스가 많이 매장되어 있을 뿐만 아니라, 정유시설과 항만시설이 집중되어 있는 전략적으로 중요한 항구이다. 수

차례에 걸쳐 세계대전에 비견 할 수 있는 전쟁이 페르시아 만에서 일어난 것도, 미국과 영국이 절대로 포기 하지 않는 도시가 페르시아 만의 바스라이기 때문이다.

　페르시아 만이 유명한 것은 자연적 특성보다, 페르시아 만 하면 석유를 연상하리만큼 주변이 전부 유전지대이다. 가까이 쿠웨이트와 이란이 있다. 20세기의 가장 중요한 자원은 석유였다. 외교관계를 통해서 석유를 확보하지 못하면, 전쟁을 해서라도 획득하지 않으면 안 되었다. 태평양 전쟁 후 도쿄 전범재판에서 전범 1호, 도조 히데키(東條英機)는 아시아를 침략한 이유를 '미국의 석유금수 조치에 대하여 석유 자원을 확보하기 위하여 침략을 했다'고 대답 했다. 세계석유 생산의 1/4, 매장량의 2/3, 석유수송선의 70%가 페르시아 만에서 일어난다. 대륙붕(大陸棚) 유전으로 세계 최대 사파냐(Safanya) 유전도, 세계 최대의 가스 정(井)도 페르시아 만에 있다. 페르시아 만 국가들은 이라크, 쿠웨이트, 사우디, 바레인, 카타르, UAE, 오만, 이란이다. 페르시아 만의 석유와 석유수송 때문에 페르시아 만은 항상 긴장과 전운이 감돈다. 이란을 제외하고는 전부가 아랍 인 이고, 아랍어를 사용하고, 걸프 만 아랍연맹에 가입하고 있다.

　여기에 이라크의 제2의 도시 바스라(Basra, 인구 2백75만) 주가 있다. 오래된 도시이다. 중국에서 인도양으로 거쳐 오스만제국으로 들어오는 해상 실크로드 거점이었다. 아랍문학의 정수인 천일야화(千一夜話) 배경이 이라크의 바그다드와 바스라였다. 이라크의 제일 중요한 항구도시이다. 바스라는 '이라크의 입'이란 뜻이고, 때로는 하구의 늪지에 건설된 도시이므로 '동방의 베니스'라는 별명도 있다. 바스라는 중요한 지역이긴 해도 사람이 살기 좋은 곳은 아니다. 늪지이고 사막기후이다. 세계에서 가장 뜨거운 기후지역으로 기록되어 있다. 여름 7월, 8월의 기온이 섭씨 50도를 넘나든다. 그러나 하천유역이므로 습도가 높아 상대습도가 90%에 이를 때도 있다. 비가 오지 않지만, 기온과 습도가 높아 푹푹 찌는 듯한 더위이다. 자원과 교통요지가 아니면 사람이 살 곳이 못된다.

바스라의 북서쪽 70km 지점에 도시 알 큐르나(Al Qurnah, 인구 28만명)가 있다. 알 큐나르는 티그리스 강과 유프라테스 강의 합류지점이다. 샤트 알 아랍(Shatt al-Arab) 강이다. 아랍 강은 200km를 흘러 페르시아 만으로 들어간다. 양 강의 합류지점에 거대한 늪지가 발달해 있다. 특유한 생태지역이고, 다양한 동식물이 서식한다. 주민의 거주 형태도 특이하다. 바스라까지 유조선이 올라오지 못하고, 쿠웨이트 쪽의 움 카사르(Um Quasar) 항구를 통하여 송유관이 연결된다. 운하로 연결되어 있다. 쿠웨이트에 군사기지를 둔 영국은 이라크의 페르시아 만을 주시하고 있다. 바스라는 바그다드에서 남쪽으로 545km 지점에 있다. 세계 어느 도시도 바스라만큼 과거도 현재도 강대국의 관심이 쏠린 도시는 없다.

   상류가 농업용수로 사용되므로 강의 수위가 낮아져서 큰 배는 다니지 못한다. 석유가 등장하기 전에는 농업지역이었다. 주로 쌀과 대추야자를 재배하였다. 바스라 주의 아랍 강 유역은 한때 세계최대 대추야자의 산지였다. 매년 1,800만 톤의 야자대추를 생산했다. 지금은 대체식량이 생산되어 대추야자나무가 많이 사라졌다. 우리는 제사상에 올리는 기호식품으로 대추를 말하지만, 대추(date)하면 국제시장에서는 대추야자(palm date)이다. 중동지역에서 대추는 중요한 식량이다. 한국의 대추는 영어로 Jujube이고, 중동의 대추는 palm date이고 야자나무에 열린다. 그래서 대추야자라고 한다. 대추의 생긴 모양이나 맛이 우리가 먹는 대추와 매우 흡사하다. 상업용으로 재배하는 대추는 나무 하나에 100kg 정도를 수확한다. 이라크는 대추의 원산지로 알려져 있다. 기원전 3천년 경부터 재배했다.

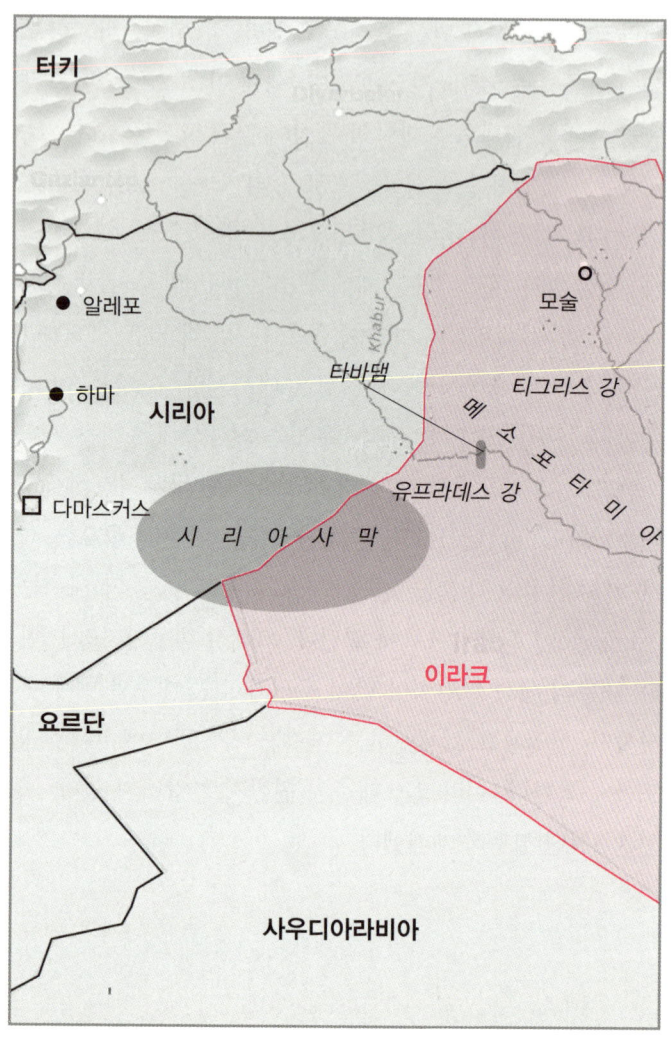

메소포타미아

메소포타미아

# 8장 IS는 누구인가?

 '이슬람 국가' (IS: Islam state)는 테러 단체이다. 수니파 무장단체이다. 얼마 전 악마의 상징인 주황색 옷을 입힌 미국인 기자, 제임스 폴리를 검은 옷과 검은 복면을 한 IS전사가 칼로 목을 베는 장면이 비디오 테이프로 공개되었다. 그 잔인성에 세계는 경악했다. 살해의 도구도 칼과 총이 다르다. 칼이 더 잔인하게 느껴진다. 2004년 6월 22일 김선일씨가 이슬람 무장단체에 체포되어 바그다드 근교에서 참수되었다. 사진을 공개했다. 지난 회에 우리는 터키의 쿠르드 족에 대한 이야기를 했다. '이슬람 국가(IS)' 에 대하여 이야기를 하려 한다. '이슬람 국가' 의 이해 없이는 터키와 터키의 남쪽 인접국가 시리아, 이라크, 이란의 관계를 이해 할 수가 없기 때문이다.

'이슬람 국가' IS가 어떤 존재인가? IS또는 ISIL, ISIS라고도 한다. IS는 Islam State의 약자이고, 중동의 공인된 이슬람 국가들이 아니고, 순수 수니파 종교를 지향하는 이슬람 무장단체이다. 목표가 있다. 지금 이슬람 국가들이 기독교 국가들에게 당하고 있는 것은 이슬람 국가들이 타락했기 때문이라 주장한다. 순수하게 코란의 원리를 따르면, 전쟁에도 이길 수 있고 평화가 온다. '순수'는 중용을 용납지 않고 순수하지 않는 것은 척결을 원칙으로 한다. ISIL은 Islam State of Iraq and Levant의 약자이다. Levant는 지중해 동쪽해안 시리아, 레바논, 요르단, 이스라엘을 통칭하는 지명이다. ISIS는 Islam State of Iraq and Syria, 활동범위가 이라크와 시리아이다. 무장단체의 규모는 추정치 일 뿐이다. 미국 CIA는 2만 명 정도, 터키는 25만 명 정도로 추정하고 있다.

어떤 단체인가? IS는 이슬람 무장단체이다. 소총을 주 무기로 무장하고, 로켓 포, 탱크, 항공기까지 갖고 있다. 이라크의 도시를 점령하여 주민에게 세금을 부과하고 있다. 국가행사를 하고, 이라크 정부군과 싸우고 시리아의 내전에 참여하고 시리아 반군을 도와 정부군과 싸우고 있다. 그 활동범위는 주로 이라크 북부와 시리아에서 주요도시를 점령하고 있다. 서방국가는 테러단체로 규정하고 있다. IS 스스로는 수니파 이슬람의 순수성을 지키기 위하여 '성전(Jihad)'을 하고 있다고 주장한다. 점령지역의 시아파 이슬람교도, 기독교도, 기타 이교도의 부녀자를 잡아 성노예로 팔고 있고, 기독교 문화유산을 파괴하고 있다. 미국의 공습에 대한 보복이다. 점령지역이 석유지대이므로 재정은 석유 판매와 인질의 몸값으로 충당한다.

어떻게 발생했나? 9.11사태로 열을 받은 미국은 당시 후세인 정권을 알 카에다 배후세력으로 지목하고 이라크를 침공하여 하루아침에 쑥대밭으로 만들었다. 후세인 대통령을 붙잡아 교수형에 처했다. 미국은 이라크에 친미정권을 수립하고 감독했다. 후세인은 미국에게는 악마였으나, 이라크 국민에게는 애국자로 기억되고 있다. 내전으로 발전했다. 친미정부와 친 후세인 잔당 간의 전쟁이다. 반군은 새로운 이데올로기를 정립하고 IS의 무장 세력으로 변신했다. 미국의 지원을 받고 있는 이라크의 정부군은 명분이 없다. 사기가 높은 IS에 밀리고 있다. 또 하나는 알 카에다는 지도자 빈 라덴이 사살되고 아프가니스탄에 미군의 세력이 확대되자, 그 잔당이 이라크로 들어와 합류했다. 또 한편에는 시리아 내전이다. 독재자 시리아의 아사드를 몰아내고 민주국가를 세우려는 반군이 있다. 시리아 반군은 곧 IS와 손을 잡았다. 그래서 IS, ISIL, ISIS 등 다양한 이름이 붙어 있다. IS는 다민족국가이다. 이라크의 바트당, 알 카에다, 아프가니스탄 탈레반, 시리아의 민주화운동가들이 합류하고 있다.

그런데 이상한 일이다. 테러단체 IS에 서방국가의 청소년 자원입대자가 늘어나고 있다. 한국영화 '친구' '신라의 달밤' 등 조폭영화가 유행 했을 때, 한국의 고등학생 다수의 장래희망은 조폭의 '형님' 이었다 한다. 서구의 청소년에게 인터넷 망을 타고 홍보되는 IS의 순수를 지향하고, 자유를 만끽하는 행동강령에 유혹된 듯하다. 영국의 17세 소년, 탈라 아스마할 군이 이라크 IS에 가입하여 사망했다는 뉴스가 보도되었다. 현재 영국인 청소년이 IS에 가입한 학생이 600명이 넘는다. 서방국가에서 지원자가 수천 명에 이른다. 한국인 학생 김모 군은 터키를 통하여 시리아로 입국했다. IS의 전사 중에서 1/2은 서방의 평범한 가정의 학생들이다.

터키는 IS를 지원하고 있다고 한다. 터키 정부는 비밀리에 무기를 공급하고 재정지원을 한다. 부상자에게 병원치료를 한다. 터키정부는 부인하고 있다. 왜 터키가? 시리아정부는 터키의 골치 덩어리 쿠르드 족을 지원하고 있다. 쿠르드와 IS는 앙숙관계이다. 노선이 다르다. 하나는 민족주의이고, IS는 범 이슬람 원리주의 신봉자들이고 다국적 반란군이다. 매우 복잡하다. IS는 한때 시리아와 이라크의 사막지역을 관장하고 자기들 영토라고 주장을 했다. 2019년 현재 각국의 정부군에 밀려 영토를 잃었고, 나이지리아와 모잠비크 반군 지역에 참여하고 있는 정도이다. 이슬람 반군 지역에는 언제 어디서든지 IS는 나타난다.

## 8.1 이라크 전 그 이후

미국의 분이 풀리는 듯 했다. 미국은 이라크 임시정부를 세웠다. 그러나 미군작전이 끝난 후 2003년부터 지금까지 이라크는 민주정부와 경제발전은 말 할 것도 없고 생지옥이 되었다. 부족 간 종파 간 폭탄으로 죽이고 보복하는 테러 전쟁이 일어났다. 수니파, 시아파, 쿠르드족 간에 납치, 고문, 투옥, 폭탄 테러가 자행되었다. 오바마 정부는 2011년 미군을 철군시켰다. 이라크 임시정부는 이라크 국민의 지지로 세워진 것이 아니고, 미국의 괴뢰정부라고 생각했다. 새 정부는 집권세력인 수니파를 몰아내고, 시아파와 쿠르드족으로 대체하였다. 후세인과 바트당을 지지하고 있던 수니파는 임시정부에서 모든 부문에 차별당하고 모든 직장에서 쫓겨났다. 전쟁에서는 졌지만, 다수의 주민에게는 후세인은 민족 영웅이다. 민족주의자이고, 외세와 싸우다가 죽었다.

 후세인 정부와 현재 친미정부를 비교한다. 2003년 종전 후 2008년 사이 이라크는 내전으로 8만5천 명이 사망하였고, 15만 명 부상당했고 1만 명이 실종되었다. 2006년 한해 978건의 종파간의 폭탄 테러가 자행되었다. 2010년에는 미군 철수를 앞두고 연쇄 자살 폭탄으로 연간 4천 명이 사망하였다. 2013년 한해 8천800명이 테러로 사망했다고 UN은 발표했다. 난민이 500만 명이다. 시리아, 요르단으로 200만이 피난 나갔고, 87만의 고아가 발생하였다. 이쯤 되면 나라가 아니라 생지옥이다. 엉망이 되어 민족의 정체성은 사라졌다. '후세인 시절이 좋았다'고 한다. 전쟁이 끝난지 20년이 지났다. 이라크 정부는 3개의 자치지역으로 분할 통치를 하고 있다. 티그리스 강 상류지역은 쿠르드족, 유프라테스 강 상류는 수니파, 바그다드 남쪽은 시아파가 차지하고 있다. 정부 치안이 미치지 않는 이라크, 시리아, 터키 변경에서 IS가 태어났다. 다수는 이라크 공화국의 패잔병이고, 수니파, 후세인의 잔당 바트 당원이었다.

 왜 전쟁을 했을까? 미국은 9.11 테러 보복을 위한 희생양이 필요했다. 미국국민의 분노를 풀어 주어야 했다. 이라크에는 부시가 상정한 침략 죄목은 없었다. 대량살상무기도 없었다. 미국의 이라크 개전은 완전히 침략전쟁이다. 미국의 우방 독일과 프랑스가 반대했다. 미국이 이라크에 말뚝을 박아 두어야 할 이유가 있다. 석유와 패권이다. 이라크는 세계적인 산유국이고 매장량이 세계 톱10에 들어가는 나라이다. 당시 미국 대통령과 아버지 부시 대통령도 석유재벌 출신이다. 석유자원에 대하여 너무 잘 알고 있었다. 이라크 석유 때문이다. 이라크의 장악은 세계석유 유통의 2/3를 차지하고 있는 페르시아 만의 석유를 안정적으로 확보 할 수 있다. 또한 지도를 펴 놓고 보면 동부에 미국과 각을 세우고 있는 인구 8천만의 이란이 있다. 이란을 견제 할 수 있다. 이란의 견제는 중국의 이란 진출과 러시아의 중동 진출을 견제 할 수 있다. 그리고 이라크에 친미 정부를 수립해 두는 것은 터키의 남쪽 아라비아반도의 여러 나라들에게 영향력을 행사 할 수 있고, 이스라엘을 보호 할 수 있다.

이라크는 정치만 안정되면 바로 성장을 할 수 있는 모든 조건을 갖추고 있는 나라이다. 석유 천연가스 등의 에너지 자원이 세계 상위권에 있어 외화획득이 용이하다. 또 티그리스 강 유프라테스 강 유역, 즉 메소포타미아 지방의 농업생산은 옛날부터 중동의 모든 인구를 먹여 살릴 만큼 비옥한 토지를 갖고 있고, 깨어있는 시민이 있는 곳이다. 지금 20년이 넘게 오랜 전쟁으로 전화를 입어 인프라가 파괴되었다. 뿐만 아니라 기원전 메소포타미아 문명부터 지금까지

지구상에서 가장 사람살기 좋은 자연환경과 오랜 문화유산을 갖고 있는 나라이다.

 NATO군 사이에도 경제적 문제는 이해관계를 다툰다. EU는 유로화이고 미국은 달러이다. 미국이 이라크와 전쟁을 하려하는데 독일과 프랑스가 적극 반대했다. 유로화 때문이다. 미국의 심기를 건드린 것은 그렇지 않아도 미국의 경제가 흔들리고 있는 판국에 이라크 이란을 중심으로 석유대금의 결제를 '유로'로 하면 미국경제는 심각한 타격을 입을 수 있다. 미국의 패권국가 유지가 힘들어진다. 이란은 이미 석유대금 결제를 유로로 했다. 여러 국가가 여기에 동조를 하면 미국은 동아시아는 중국의 유안 화, 서아시아 쪽은 유로가 결제수단이 되어, 미국의 달러가치는 폭락을 할 위험에 처하게 되어있다. 기름 값의 결제는 어떻게 하던 달러 결제를 수단으로 해야 미국에게 유리하다. 참으로 알고 보면 안타까운 일이다. 이라크의 지식인들은 이라크가 처한 입장이 얼마나 억울하다고 생각 할까?

# 9장 쿠르드 족

 터키 소수민족의 20%가 쿠르드족이다. 쿠르드 족은 터키에만 1천500만이 살고 있다. 인근 국가 이란, 이라크, 시리아, 아르메니아에 산재하여 살고 있다. 터키(1천500만), 이란(800만), 이라크(650만), 시리아(300만), 이스라엘(20만), 아르메니아(3만), 그 외 해외로 이민간 쿠르드족은 독일(20만), 프랑스(15만), 스웨덴(8만) 등 200만 명이 세계에 흩어져 살고 있다. 영토가 없는 민족으로는 전 세계 최대 규모이다. 4천 만 명이다.
 쿠르드족과 터키 당국과는 오래 전부터 갈등을 빚어왔다. 터키에서 가장 골치 아픈 정치 사회적 문제가 쿠르드족이다. 쿠르드족은 터키 영토 내에서 자치를 넘어서 독립국을 원한다. 터키는 쿠르드족을 같은 민족으로 안으려 하지 않았고, 그들의 주장을 무력으로 탄압하였다. 한 국가 영토 내에 소수민족이 살고 있는 곳은 세계 도처에 있다. 중국의 신장성 위그르족이나 서장성 티베트족도 마찬가지로 독립을 원한다. 중국은 소수민족에 대하여 일정한 자치를 허용하면서 분리 독립은 허용하지 않는다. 신장과 서장 독립을 원하는 회족들은 중앙정부에 대하여 폭력으로 저항하고 있다. 영국에서도 스코틀랜드가 분리 독립을 원하여 주민투표를 실시했다. 캐나다의 퀘벡 주 프랑스인도 분리 독립을 위하여 투표를 했다. 스페인의 바르셀로나에서도 분리 독립을 추진하고 있다. 영토 내에 살고 있는 소수민족을 어떻게 대우하고 화합하느냐가 선진국의 척도가 되고 있다. 터키가 NATO에도 가입해 있으면서 EU에 가입하지 못하는 주된 이유 중 하나는 쿠르드족 문제가 걸려 있다.

쿠르드족은 유목민이다. 땅에 대한 욕심이 정착 농민처럼 강하지 않다. 목초와 물이 있는 곳을 따라 이동하는 유목민에게는 땅의 개념이 달랐다. 쿠르드족은 유대인과 마찬가지로 여러 나라에 분산 거주했고, 어느 한 국가에 다수로 살지 못했다. 터키, 이란, 이라크, 시리아에서도 다수의 민족은 되지 못하고 두 번째로 큰 민족이 되었다. 각각의 민족이 독립을 했지만, 쿠르드는 어디에서도 독립국을 유지 할 핵심세력을 갖지 못하고 살았다. 오스만제국으로 있을 때는 아무런 문제가 없었다. 오스만 제국으로 같이 살고 있던 민족들이, 터키, 이란, 이라크, 시리아, 요르단이 민족국가로 독립했고, 북쪽으로 아제르바이잔, 아르메니아, 조지아는 일정한 영토를 갖고 자치령으로 변신을 했다. 쿠르드족이 살고 있는 아나톨리아 고원은 여러 개의 국가가 분할 소유했다. 터키, 이란, 이라크, 시리아, 아제르바이잔, 아르메니아, 조지아이다. 하나의 독립국가로 형성하기에는 소수이고, 소수로 남아있기에는 너무나 큰 민족이 되어 버린 것이다.

박해를 받은 이유는 있다. 자치와 독립을 쟁취하고 싶은 쿠르드족은 전쟁 때 마다 한 쪽 편을 들었다. 터키와 러시아 전쟁 때 러시아를 도와주면 독립을 시켜주겠다는 약속을 믿고, 러시아를 도와 터키를 공격했다. 전쟁은 어정쩡한 상태에서 끝이 나고 쿠르드 독립은 무위로 끝나고 말았다. 터키군은 접경지역에 있는 쿠르드족을 대거 이주시켰고, 그 과정에서 대량 학살이 일어났다. 쿠르드족이 터키에서 박해를 받는 이유이다. 이라크와 이란의 전쟁 때 이란을 도와주면 독립을 시켜주겠다는 약속을 믿고, 이란 편에 서서 이라크와 전쟁을 했다. 이라크의 후세인은 쿠르드족에게 보복을 했다. 이란과 전쟁 때 쿠르드족이 이란을 도왔다는 이유이다. 쿠르드족 학살은 뒷날 후세인이 체포되어 처형 될 때, 제일 큰 죄목이 되었다.

쿠르드족은 1930년에는 아라라트(Ararat) 산을 근거로 아라라트 혁명정부를 구성하고 터키 정규군과 전쟁을 했다. 6만 명의 터키 정규군이 동원되었다. 220개 마을이 불타고, 4만 명이 살해되었다 한다. 폭력적 진압이었다. 탄압에 눌린 쿠르드족은 PKK(Kurdistan Workers' Party: 쿠르드 노동당), 극좌파 무장단체가 되어 터키에 저항하였다. PKK는 유엔과 EU 미국으로부터 테러단체로 지목을 받아왔다. PKK당의 지도자 오잘란이 피신하다가 미 CIA가 준 정보로 1999년 체포되어 사형언도를 받았다. 사형제도가 폐지되면서 종신형으로 감형되었다. 1만5천명의 전사를 보유하고 있다. PKK가 서방에서는 테러단체로 인정하지만, 이란, 이라크, 그리스, 시리아는 암묵적으로 물적 인적자원을 지원하고 있다. 터키와 게릴라전을 펼치고 있다. 2013년 터키와는 당분간 휴전을 체결하였다. 게릴라는 이라크로 들어갔다. 협상은 형무소에 종신형을 받고 있는 테러범 오잘란이 주관하였.

2019년 10월에 터키군은 시리아 동북부에 있는 쿠르드 민병대를 공격했다. 시리아의 쿠르드는 같은 서식지의 자원을 공유하는 IS를 공격하여 미군을 도우고 있다. IS는 쿠르드와 다르다. 쿠르드는 민족이고, IS는 종교 이념단체이다. 복잡하다. 터키 평화를 위하여는 소수민족의 다양성을 인정하고 더 관용을 베푸는 일이지 싶다.

## 9.1 쿠르드 공화국(?)

이라크의 행정구역은 19개의 주(州)가 있다. 군사 활동은 남쪽은 바그다드 중앙정부, 서북쪽은 IS, 동북부의 쿠르드 군대가 지배하고 있다. 이라크 중앙정부는 이라크 영토의 전체를 관할하지 않는다. 통치력이 제대로 미치지 못해 지켜지지 않고 있다. 이라크의 쿠르드족 자치 지역은 티그리스 강 상류지역이고, 강 유역은 유프라테스 강 유역처럼 완전한 사막은 아니고 사바나 지역이다. 기원전부터 사람이 살던 곳이다. 쿠르드족 자치지역은 이라크 중앙정부 행정구역과는 구별된다. 쿠르드 자치지역은 이란과 터키의 국경지대인 이라크의 서북부 4개주이다. 중심도시는 아르빌(Erbil, 120만명), 다후크(Duhok, 34만명), 술래마니(Silemaniyah, 87만명), 할라바(Halabaja, 24만명)이고 수도는 아르빌이다. 바그다드의 중앙정부와 영토문제가 해결 안 된 곳은 키르쿠크(Kirkuk, 100만명)를 비롯하여 디얄라(Dyala) 주와 니나와(Ninawa) 주이다. 관할 구역이 해결되지 아니한 곳이다. 사실상 독립국과 같은 행정을 한다. 곧 주민투표를 통하여 독립을 할 것이라고 한다.

 이라크의 쿠르드족 자치 지역은 7만8천㎢이고 인구는 835만명이다. 중동지역에 2천만 정도가 터키, 이라크, 이란, 시리아에 흩어져 살고 있다. 독립을 위하여 수많은 전쟁을 했다. 성공하지 못했다. 쿠르드족의 독립을 반대 할 강대국은 없다. 우선 미국과 중국이 석유 채굴권을 쿠르드 정부와 계약을 체결하고 있어 환영하고 있다. 이라크 중앙정부는 힘이 없어 통제를 못하고 방치를 하고 있지만, 달가워하지는 않는다. 터키는 이라크에 독립을 반대한다. 터키 내의 독립을 원하기 때문이다. 쿠르드족 거주 지역은 세계 10위권의 석유자원을 보유하고 있다.

 쿠르드족이 많이 사는 지역의 중심도시 이라크 아르빌은 자이툰 부대가 주둔하고 있었던 곳이다. 한국군이 파견 될 당시, 한국군은 전투 지역이 아닌 아르빌에 주둔 한다고 해서 미국은 못마땅하게 생각했다. 아르빌에 한국군 주둔은 바로 쿠르드족을 보호하는 꼴이 되므로, 터키 정부도 불만이 컸다. 터키에서 분리 독립운동은 터키의 가장 골치 아픈 일이다. 터키가 EU에 가입 못 하는 것도 쿠르드족 문제 때문이다. 서방국가들은 터키가 민족 문제를 해결하기 전에는 EU 가입을 불허한다는 입장이다. 터키는 아르빌 한국군 주둔에 대하여, 혈맹이라고 자처하는 판국에 매우 난감하게 생각했다. 자이툰 부대로 가는 길은 서울 → UAE의 두바이 → 쿠웨이트 → 이라크의 남쪽 바스라 → 군용기 타고 아르빌에 들어가야 했다. 더 쉽고 더 빠르고 안전한 길이 있다. "서울 → 터키 앙카라 → 터키 국경이동 - 국경에서 100㎞ 거리에 아르빌이 위치한다. 지상의 로켓트 포를 피할 수 있고, 매우 안전하고 거리도 단축 될 터인데" 했다. "한국군이 아르빌에 주둔을 한다는 것은 쿠르드족에게는 좋은 일 일지 모르지만, 이 작전은 터키정부가 매우 거북해 하는 일입니다. 그러니까 터키가 아르빌로 가는 길을 내어 줄 리가 없지요" 외교부 관계자의 말이다. 라이스 미 국무장관이 쿠르드족의 당시 족장, 바르자니(현 쿠드족의 선출된 대통령)를 만났을 때, 터키 언론은 미국이 쿠르드족을 독립시켜 주려 한다고 불만을 토로하고 대서특필했다.

이라크의 친미정권은 주변국인 이란, 시리아, 레바논, 요르단을 직접적으로 견제하고, 중국의 서진(西進)과 러시아의 남진(南進)을 막을 수 있는 지정학적 위치이다. 미국이 후세인을 체포하고 바트당을 붕괴시키는데 쿠르드족의 협력이 대단히 컸다. 미국은 쿠르드족에게 보상을 하는 셈이다. 미국의 도움으로 완전한 독립국은 아니지만, 상당한 외교권과 군대(peshmerga)를 지방정부가 갖도록 헌법에 보장해 주었다. 쿠르드 지방정부는 여타 이라크와 구별되는

'또 하나의 이라크(The Other Iraq)'가 되었다. 사실상 독립국임을 자처하고 있다. 2017년에 독립을 위하여 주민투표를 실시했는데 92%가 찬성했다. 그러나 예상했던 대로 중앙정부는 쿠르드의 독립을 승인하지 않았다. 한편 터키 정부도 2018년 터키에 인접한 이라크 북동부 쿠르드족을 무산키기 위하여 군대를 파견하였다. 또 반미 주의자 무스카다 알 사드가 총선에 승리하였다. 쿠르드의 독립을 어렵게 하고 있다.

쿠르드족의 독립투쟁 역사를 알면 억울한 점이 한 두 가지가 아니다. 독립을 보장해 주겠다는 말에 영국 편, 이란 편, 이라크 편, 미국 편을 들어 의용군으로 전쟁을 도왔다. 그러나 전쟁이 끝나고 나서 이웃의 반대로 독립을 하지 못하고 있다. 2019년 터키는 시리아에서 활동하고 있는 쿠르드족을 공격 했다. 이제까지 쿠르드족은 독립을 위하여 IS와 각을 세우면서 미국을 도와 전쟁을 했다. 터키가 시리아 내의 쿠르드 토벌을 미국이 묵인했다는 것은 미국을 도운 쿠르드족에게는 부당한 일이다. 쿠르족이 미국을 비난한다. 미국은 진퇴양난이다.

## 9.2 쿠르드의 석유

 지금 우리가 공부를 하고 있는 중동의 국가들 터키, 시리아, 이라크, 이란, 레바논, 요르단, 이스라엘, 사우디, 쿠웨이트가 어떻게 민족국가로 살아가고 있는가? 독립은 우연한 경우가 더 많다. 필연으로 돌아가는 역사는 없다. 한국은 왕국으로 신라 1000년, 고려 474년, 조선 505년으로 단일민족으로 이어왔다. 그러나 중동의 국가들은 민족국가(nation state)로 100년의 역사를 가진 국가도 없다. 어느 국가이던 단일 민족국가는 생각도 못한다. 중동지역을 지배하는 제국에 편입되었다가 또 다른 제국의 손으로 넘어갔다. 수메르, 바빌로니아, 페르시아, 그리스, 아랍, 몽골, 오스만, 영국의 지배하에 있었다. 제국 속에서 민족이 혼재하여 살았다. 따라서 우리역사를 보는 눈으로 중동의 민족국가를 보면 안된다. 마지막 오스만제국이 붕괴되면서 현지에 살던 민족들은 각각 독립국가가 되었다. 터키, 시리아, 요르단, 레바논, 이스라엘, 이라크가 그렇다. 민족도 영토와 국경도 유동적이었다.

 불행히도 쿠르드 족만은 살고 있는 땅도 있고, 민족도 있지만, 온전한 민족국가를 만들지 못하고 다른 민족국가에 편입되어 살아야 했다. 터키, 이라크, 이란, 시리아에 흩어져 살고 있는 인구가 2천만 명이 넘는다. 민족규모는 독립국가인 터키, 이란, 이라크 다음으로 덩치가 크다. 독립을 여러 번 시도를 했지만, 국경을 갖고 있는 땅, 국토는 얻지 못했다. 흩어져 살면서 어떻게 고유한 언어와 문화를 갖고 살 수 있었을까? 오스만제국이 지배를 하자, 쿠르드 족은 평야지역에서 쫓겨나서 터키동부 산지와 이란의 서부에 자고로스(Zagoros)산맥으로 들어가 유목생활을 하면서 살았다. 쿠르드 족은 아랍어로 '산족(山族)'이란 말이다.

중동의 국가들은 마지막 제국인 영국과의 관계 속에서 독립을 획득했다. 쿠르드도 영국과 독립을 약속 받았고, 이란과 이라크간의 전쟁 때(1980-1988) 이란을 도왔다. 이란은 쿠르드 족의 독립을 약속했다. 이라크의 적대국인 이란을 도와 전쟁을 했다 해서 아르빌 지역의 쿠르드 족에 대하여 후세인 정권은 독가스를 사용하여 대량 학살을 했다. 또 미국과 이라크전쟁 때 쿠르드 족은 적극적으로 미국을 도왔다. 전쟁은 끝이 나고 이라크는 미국의 도움으로 새로운 이라크에 친미 정권이 태어났다. 쿠르드 족의 사후를 보장했다.

2010년 현재 이라크 내에는 사실상 두 개의 정부가 존재한다. 그래서 이라크 내에는 두 개의 군대가 있다. 한 국가 내에 두 개의 군대의 존재는 안 되지만, 그렇게 되어 있다. 하나는 이라크 정규군이고, 또 하나는 쿠르드 족 자치 군대이다. 이라크 쿠르드 족 자치정부는 신헌법에 보장되어있다. 독립국이란 군대와 외교권을 갖는 것이다. 이라크 영토내에 이라크 정부군이고, 다른 하나는 쿠르드 족 자치주의 군대, 페쉬메르가(Peshmerga)가 있다. 페쉬메르가는 'Pesh는 맞선다 Merga는 죽음'을 의미한다. 즉 페쉬메르가는 결사대란 말이다. 이라크의 군대가 쿠르드 족 자치구에는 들어가지 못한다. 자치 군대가 있기 때문이다. 재정확보는 석유의 판매이다. 군대는 8만 명에서 25만 명까지 추정하고 있다. 정확한 숫자는 모른다. 정규군이라기보다 민병대 형식이다. 때로는 민간이 되었다가 군인이 되기도 해서 유령의 군대(Ghost soldier)라고도 한다. 지지하는 정당에 따라서 군대도 양분되어 있다. 이라크 정규군 간의 전쟁에서 영토를 지켜냈다.

이라크의 쿠르드 자치정부 지역은 약 7만8천㎢이고 인구는 835만이다. 두혹(Dohuk)주 아르빌(Erbil)주 술래마니아(Sulaymaniyah) 3개 주이다. 이라크의 북동부이다. 지역자원은 석유이다. 추정매장량이 45억 배럴이고 많은 유전이 있다. 영국이 지배할 때 쿠르드 자치령내의 킬쿡(Kirkuk)에서 터키의 동남해안의 항구 세한(Ceyhan)까지 970㎞, 직경 1m의 송유관을 1930년부터 건설했다. 송유관을 통하여 쿠르드 족은 하루 150만 배럴의 기름을 보내고 현금을 받는다. 도혹과 타크타크 유전에서도 송유관이 연결되어 있다. 석유는 쿠르드 자치정부의 유일한 수입원이다. 모술지역을 점령하고 있는 IS도 송유관을 통하여 지역 내 유전에서 생산된 석유를 밀매하고 있다. IS는 송유관과 아사드 댐을 볼모로 잡고 있다. IS의 존재를 위협하면 폭파하겠다고 위협했다. 아르빌은 한국군이 이라크를 위하여 주둔하고 있었던 곳이다. 포스코 건설이 아르빌 북쪽 10km지점 카바트에 건설공사를 7억불에 수주하여 중유발전소를 건설하고 있다. 현장에는 한국인 엔지니어 20명이 있고, 터키의 노동자 1500명이 건설 현장에 있다. 하청공사를 두고 터키와 쿠르드 족 간에 갈등이 있다. 한국의 이미지가 나쁘지 않다. 참전한 댓가를 받고 있는 셈이다.

### 9.3 모술

동물은 국가라는 조직이 없이도 잘 살아가고 있다. 인간 이외는 어떤 동물도 국가 조직이 없다. 인간(Homo Sapiens)으로 아프리카에 출현한지 약 30만년쯤 된다. 국가를 갖고 살아 온지 5천 년이 채 안 된다. 그러나 현재 어느 누구도 국가에 속하지 않는 인간은 없다. 국가는 폭력을 동반한다. 모택동은 '모든 권력은 총구로 나온다.' 고 했다. 세계 어느 국가도 ISIL을 국가로 인정하지 않는다. 그러나 ISIL은 영토가 있고 지배하여 세금을 거두고, 주민이 있고 경찰이 있다. 주민은 폭력의 명령에 따라야 한다. 따르지 않으면 총구를 내민다. 자기들은 ISIL(Islam State Iraq and Levant), 이라크 시리아 지역의 '이슬람국가'라고 한다.

모술은 바그다드에서 400㎞ 북쪽, 티그리스 강 유역에 있다. 기원전부터 사람이 살던 오래된 도시이다. 인구는 2004년 현재 186만으로 추정하고 있다. 전쟁으로 인구조사를 못했다. 모술은 석유와 대리석이 유명하다. 모술은 이라크정부, 쿠르드 족, ISIL에게도 대단히 중요한 전략적 도시이다. '북부의 진주(The Pearl of the North)'라고도 한다. 2003년 미국과 전쟁을 할 때, 후세인 정권은 모술을 최후의 거점으로 삼아 항전했다. 후세인의 두 아들 우다이(Uday)와 쿠사이(Qusay)가 모술 전투에서 전사했다. 2003년 6월에 미국이 점령하였다. 그래서 모술에는 바트당의 잔당이 가장 많이 남아 있었던 곳이다. 2011년 미군이 철수하고, 이라크에 이양하면서 치안은 더욱 불안해졌고, 폭탄 테러가 많이 일어났다. 이라크 정부군, 쿠르드 족, ISIL이 서로 견제하다가 미국이 철수한지 3년 만에, 2014년 6월에 이라크의 제2의 도시 모술은 ISIL의 손으로 넘어갔다.

IS가 악명 높은 것은 IS가 미국의 신문기자를 인질로 잡아 참수하고, IS 점령지역의 기독교 관련 문화유산을 파괴하면 서부터이다. 이슬람 교도가 아닌 타종파의 여성을 성폭행하고 성노예로 팔고, 반인륜적 행위를 자행하고 있는 장면을 인터넷에 공개했다. 난민으로 위장해서 파리에 들어간 IS대원이 자폭행위를 해서 수많은 민간인을 살해했다. 분노는 하늘을 찌르고 있다. 그들을 서방국가들은 테러리스트라고 한다. 점령 후 여성의 몸 전체를 가리는 히잡을 하게하고, 남자 친척을 동행하지 않고는 외출을 금하였다. 이교도는 박해하고 살해하고 재산은 압류했다. ISIL이 점령을 하고 난후 기독교, 아르메니아 교, 유대 교도들은 50만명이 걸어서 또는 자동차를 타고 시리아와 요르단으로 피난을 떠났다.

모술의 점령으로 ISIL는 영역 내 최대의 도시, 경제적 기반을 확보했다. 미국과 서방국가들은 걱정이 많다. 실상은 이라크 정부군은 모술의 방어를 하지 않고, 그대로 ISIL에게 내어 주었다고 미국은 비판하고 있다. 수차례 쿠르드 족은 ISIL가 모술을 공격할 것이라고 경고했고, 미국도 이라크정부에 정확한 정보도 주었다. 누리 알 말리키 이라크의 총리는 정보를 무시했고 파병 제의를 거절했다. 3개 사단이 무장할 무기도 빼앗겼다. 놀라운 것은 현지 다수의 주민은 오히려 ISIL 점령을 환영했고 ISIL의 편을 들었다고 영국 언론은 보도했다. 미국은 난감한 입장이다. 지상군을 다시 파견하지는 못하고, 공중폭격을 지원 할 뿐이다. 공중폭격은 피아를 가리지 못하여 다수의 민간인의 희생을 수반하고, 민간인의 희생으로 국제여론이 나빠진다. 미국이 지상군을 파견할 명분이 없다.

그들에게도 할 말은 있다. 이슬람 국가에서는 어느 시대를 막론하고 IS와 같은 지하드(jihad/성전), 이슬람을 지키기 위한 전쟁은 오래전부터 있어왔다. IS가 어떻게 생명력을 갖고 있는 것일까? IS 운동은 이슬람 종교사회 속에서 정풍운동이다. 이슬람 국가들이 타락했다. 기독교국가에 당하고 패배한 것도 이슬람이 세속화 되면서 부패했다는 것이다. 오직 코란이 가르치는 대로 생각하고 일한다고 말한다. 다수의 모슬렘이 동의하는 주장이다. 해외전사(Foreign fighters)가 있다. IS가 되기 위하여 터키의 국경을 넘어오는 대학생들이 체포되었다는 신문기사를 기억 할 것이다. UN은 2014년 해외전사들이 80개국에서 1만5천명이라고 했고, 2015년에는 해외전사 2만명 중에서 서방 선진국에서 넘어간 전사가 3천400명이고, 계속 증가하고 있다고 미국 NBC 방송은 미국정보통을 인용하여 2015년 12월 10일 보도 했다. 영국방송은 현재 IS 무장 세력의 1/2이 해외에서 들어왔다고 했다. 한국인 한 학생도 IS가 되기 위하여 터키 국경을 넘어갔다. 해외전사들에게 IS는 의식주는 제공하지만, 보수

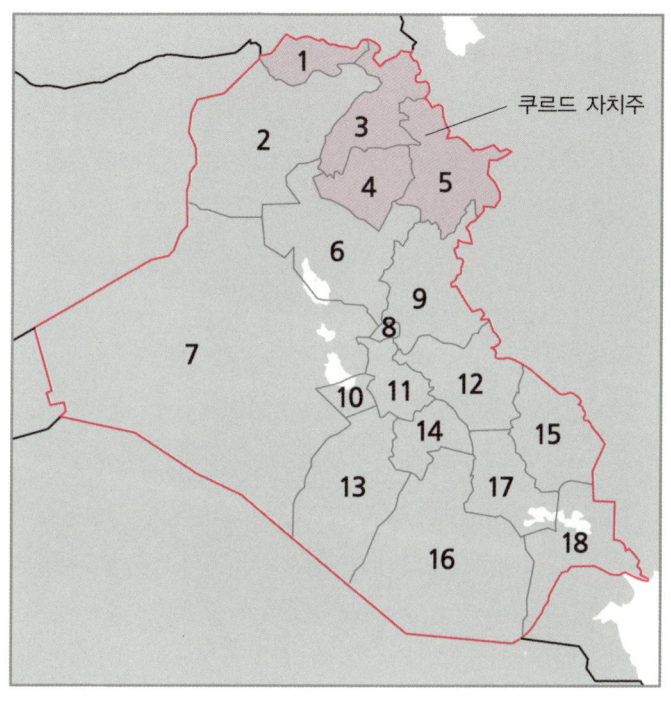

이라크 행정구역
1. 다호크 2. 니네베 3. 아르빌, 4. 키르쿠크, 5. 술래마니아
6. 살라딘 7. 안바르 8. 바그다드 9. 디얄라 10. 카발라 11. 바빌론
12. 와시트 13. 나자프 14. 카디시야 15. 마이산 16. 무타나
17. 디카르 18 바스라 19. 할라바

는 없다고 했다. 지원병이다. 왜 미국과 영국 독일 프랑스의 대학생이 IS를 지원하는 것일까를 생각해 보아야 한다. 빈 라덴을 살해하면 문제가 해결될 것처럼 보였다. 더 큰 세력으로 나타났다. 폭력은 폭력을 부른다.

# 10장 터키

 터키는 아나톨리아 반도에 자리 잡은 국가이다. 소아시아라고도 한다. 아시아와 유럽의 사이에 있다. 국토의 일부가 유럽에 걸쳐있다. 흑해와 지중해를 잇는 마라르마라(Marmara) 해협을 끼고 있다. 묘한 지정학적 위치 때문에, 바다로 나가려는 대륙세력과 대륙으로 진출하려는 해양세력을 사이에 두고 있다. 이슬람 국가이다. 그러나 정치와 종교가 분리된 국가이다. 세속의 생활은 이슬람의 색깔을 볼 수 없다. 유럽에 걸쳐 있는 나라이므로 EU에 가입하고 싶어 한다. 그러나 터키가 안고 있는 소수민족 문제가 있다. 쿠르드 족이다. 주로 아나톨리아 반도의 동쪽에 살고 있는 유목민족이다. 자치와 분리 독립을 주장한다. 차별을 하고 있다.

터키, 앙카라와 이스탄불

동화를 못하고 있다. 터키 민족은 우리에게 낯익은 민족이다. 돌궐(突厥)족이다. 한때 중국까지 진출했다. 민족의 촌수는 가깝다. 게다가 6.25전쟁 때 참전 했다. 자원도 많고 인구도 많다. 터키는 군부의 세력이 크다. 군부가 정치에 관여를 하고 있다. 군부가 정치에 관여하면 민주주의가 제대로 안 된다. 잘 살아야 할 나라가 지금의 수준에 머물고 있다.

## 10.1 오스만 제국

"강대국의 흥망성쇠를 결정하는 것은 그 시대에 주류로 하는 기술과 철학에 적응한 국가는 성하고 못한 나라는 망했다." 역사학자 폴 케네디가 '강대국의 흥망' 에서 말했다. 생물의 진화에서도 유전자 풀에서 번성한 종은 주어진 환경에 적응한 종이다. 서양 근대사에서 가장 큰 영향력을 행사한 제국(Empire)은 오스만 제국이었다. 그럼에도 불구하고 우리에게 로마제국은 낯익어도 오스만 제국은 잘 모르고 좀 적대적이다. 사실 서양 근대사 500년은 '오스만 제국' 과 함께한다. 세계사를 이해하기 위하여서는 오스만 제국을 건너 뛸 수는 없다. 우리의 현대화는 20세기부터 시작했다. 현대화(Modernization)는 산업화(Industrialization)를 의미한다.

산업화는 도시를 만들었다. 도시화와 산업화를 함께 우리는 서구화(Westernization)라고 했다. 그 기저에 기독교 문화가 함께 한다. 오스만 제국이 우리역사 교과서에서 로마 제국보다 쪽수를 적게 할애하는 것은 우리의 현대화가 서양으로부터 시작되었기 때문일 것이다. 이슬람 종교를 기반으로 하는 오스만 제국을 무시한 것이다. 서양에 대한 우리의 편견이다. 무시한다고 해서 역사가 없어지는 것은 아니다.

문화적으로 낯선 기독교가 100년도 안되어 기독교 신자가 한국 인구의 1/3을 차지하는 거대한 종교로 성장한 것은 한국 현대화가 기독교 국가인 미국과 함께 했기 때문이다. 서양 근대사에서 기독교와 이슬람교는 대척점에 있고, 앙숙 관계에 있었다. 새뮤엘 헌팅턴은 '문명의 충돌(The clash of civilization)'에서 미국과 소련의 냉전시대가 끝이 나면, 세계의 무력충돌은 이슬람과 기독교 사이의 갈등으로 전개 될 것이라고 까지 했다. 그의 예측은 비슷하게 맞다. 문명의 충돌이 일어날 장소는 어딜까? 중동이다. 냉전이 해체되고 난 후부터 세계적인 무력충돌은 기독교 국가와 이슬람 국가 간에 일어났고, 지금도 계속되고 있다.

기독교가 출현하고 난후 7세기 경 이슬람교가 나타났다. 불교와 힌두교가 친척이라면, 기독교과 이슬람교는 4촌간이다. 유대교, 기독교, 이슬람교가 모두 아브라함의 자손들이다. 매우 가깝다. 기독교의 구약을 이슬람교에도 그대로 인정한다. 교세가 비슷하다. 아시아 쪽은 이슬람, 유럽 쪽은 기독교, 삶의 터전이 달랐을 뿐이다. 삶의 터전이 다르면 같은 인간, 같은 종교라도 다른 문화를 갖게 된다. 오랜 역사를 통하여 지중해 연안의 경제적 지배권을 확보하기 위하여 양대 종교는 갈등관계에 있었다. 수없이 전쟁을 했고, 21세기 지금까지도 크게 달라진 것이 없다. 중동의 갈등이란 이슬람과 기독교 간의 삶의 터전, 지리에 대한 갈등이다.

오스만 제국이 나타났다. 오토만 제국 또는 오토만터키 제국 등 다양한 이름이 있다. 영어식 이름이다. '오스만 제국'이 맞다. 아나톨리아(터키)를 기독교 비잔티움 제국이 지배 했다. 셀주크 족은 오스만 제국의 원조이다. 지금의 터키에 자리를 잡았다. 오스만은 비잔티움제국을 1453년 멸망시키고 비잔티움 제국의 자리를 차지하고 세계 제일의 제국으로 등극하였다. 1299년 건국을 하여 1922년 터키공화국이 성립될 때까지 623년간 서부 아시아, 동남부 유럽, 북 아프리카를 아우르는 520만㎢에 이르는 거대한 제국을 건설하였다. 그 크기는 로마 제국 전성시대의 위치와 면적이 정확히 일치한다. 기독교 비잔티움 소피아 성당을 덧칠을 하여 이슬람 모스크로 사용한 것처럼, 오스만 제국이 지배하는 기독교 위에 이슬람을 덮어씌운 격이다. 오스만 제국의 광대한 영토는 오스만 제국이 해체되면서 독립국이 된 국가는 유럽에서는 크로아티아, 알바니아, 코소보, 보스니아와 헤르츠고비나, 세르비아, 마케도니아, 몬테네그로, 불가리아, 아제르바이잔, 아르메니아, 조지아, 헝가리, 몰도바, 슬로바키아, 오스트리아, 그리스, 루마니아, 러시아, 우크라이나이다. 아시아에서는 터키, 이란, 이라크, 이스라엘, 요르단, 쿠웨이트, 레바논, 바레인, 키프로스, 오만, 팔레스타인, 시리아, 사우디아라비아, 예멘이다. 아프리카는 이집트, 알제리, 에리트레아, 리비아, 소말리아, 카타르, 수단, 튀니지, UAE이다. 터키는 오스만 제국의 발생지이고 그 문화유산을 가장 많이 가지고 있는 나라이다.

오스만 제국이 623년간 3개 대륙에 걸친 대제국을 건설할 수 있었던 것은 다민족을 아우르는 포용정책 때문이었다. 제국(帝國, empire)은 다민족, 다문화, 다언어를 수용한 정치체제이다. 정치질서는 하나이지만, 영토 안에 있는 다양한 민족을 아우른다. 오스만 제국의 모체인 셀주크 족이 말을 다루는 기술이 뛰어났고, 지금도 경마로 쓰고 있는 아라비아 종을 사육하여 군마로 사용했다. 전쟁에서 최고의 병기가 말이었을 때이다. 그리고 해전에서 오랜 지중해연안의 전투를 통하여 조선과 해운에 특별한 기술을 갖고 있었다. 그리고 세계 최초로 머스켓 소총과 대포를 만들었다. 또

한 하렘을 통하여 왕자들의 리더십을 교육하는 제도가 있었다. 실크로드를 장악하여 탄탄한 경제기반이 대제국 건설의 기초가 되었다. 오스만 제국이 발흥할 때의 과학기술과 교육은 기독교국가에 비하여 우수했다.

### 10.2 터키와 인연

1950년 한국전쟁 때 파병한 나라는 16개국이다. 터키는 미국과 영국 다음으로 많은 전투병 1만 5천명을 파병하였다. 728명이 희생되었다. 터키가 극동아시아의 작은 나라 한국에 이렇게 대군을 파병한 것은, 소련이 흑해와 지중해 진출하여 터키와 그리스를 위협하고 있을 때, 터키에 막대한 경제적 군사적 원조를 해 준 미국의 요청에 부응한 것이었다. 터키 군은 미 8군에 배속되어 6. 25전쟁 때 청천강(군우리), 철원, 김화, 금양장리 전투에 참가했고 많은 희생자를 냈다. 평양의 북쪽 군우리 전투는 미8군이 중공군에 포위되어 괴멸되는 치욕적인 전투이다. 터키 군도 8군 산하에 편성되어 있었다. 남진하는 중공을 지연시키는데 공헌했다. 후퇴하는 중 미군 3,000명과 터키 군인 728명이나 전사했다.

전쟁 동안 터키 부대에는 아름다운 에피소드가 있다. 전쟁터에서 한 병사가 고아가 된 어린 소녀를 발견하고 부대 안으로 데려와 2년 동안 키웠다. 동료가 죽어가는 살벌한 전쟁터이지만, 버려진 아이를 보고 그냥 넘어 갈 수 없는 측은지심이 있었다. 터키 병사는 슐레이만이었다. 고아에게 '아일라'라는 이름을 지어 주었다. '아일라'는 소속부대의 마스코트가 되어 사랑도 받고 잘 적응했다. 터키 부대는 전세가 안정되자 의무중대에 천막을 치고 난로를 피우고 고아원, '앙카라 교육원(Ankara School)'을 설립했다. 지금 수원에 있는 농촌진흥청 자리이다. 휴전이 되어 슐레이만이 귀국하면서 '아일라'를 앙카라 교육원에 맡겼다. '아일라'를 터키로 데리고 가려고 노력했지만, 직급이 낮은 병사의 계급으로 가능하지 않았다고 했다. 앙가라 고아원 출신들은 지금도 '형제 회'를 만들어 모임을 갖고 있다.

  한국전쟁이 종식된 지 50년이 되던 해, 2003년 한국은 터키보다 더 잘 살게 되었고, 정부는 터키 참전용사 30명을 초청했다. 초대받은 병사 중에 슐레이만도 포함되었다. 슐레이만은 '아일라'와 찍은 여러 장의 사진을 주 터키한국대사관에 가져와 찾아 달라고 했다. MBC TV에 사진이 공개되었다. 터키대사관에 24년간 근무한 백상기씨가 도왔다. '아일라'는 나이 64살이 되었고, 결혼하여 아들 둘과 손자 2명을 두고 있는 할머니였다. 아일라는 MBC TV화면 속에 자신을 구해준 술레이만을 알아보았다. 사진 속의 나입니다 했다. 아일라는 "한 번이라도 아버지(술레이만)를 만나게 해 주소서", "기적 같은 일이 일어나게 해 주소서"하고 매일 기도했다 한다.

고아 '아일라'는 김은자라는 이름으로 두 아들과 두 손자와 함께 잘 살고 있다. 재회하는 날, 아버님에게 드리는 선물을 고르면서 흐르는 눈물을 훔치고 있었다. 술레이만 부부와 '아일라'는 호텔에서 만났다. "지금까지 이렇게 살아 있는 이유는 아버지 술레이만" 때문이라고 했다. 또 만나고 헤어진지 17년이 지났다. 술레이만도 아일라도 이 세상의 사람이 아닐지 모른다. 그 감동적인 터키 군인 술레이만과 고아 '아일라'의 만남은 개인의 감동적인 이야기다. 따뜻한 인간애의 미담이 터키와 한국인에 미치는 영향은 대단했다. 그리고 TV 방송의 힘도 대단했다. 그 스토리는 영원히 남는다.

나의 이야기도 있다. 1975년 해외로 나가서 공부하는 것이 나의 젊은 시절 꿈이었을 때, 터키 정부는 장학생을 뽑았다. 그때 터키는 잘살고 한국은 가난한 나라였다. 전면장학생이다. 7년간 앙카라 대학교에서 공부하는 조건이다. 응모를 했고 영어시험을 쳤다. 내가 뽑혔다. 세계지리를 공부하려면 터키는 계란 노른자위 같은 곳이다. 아시아와 유럽 아프리카를 아우르고, 조르아스타 교, 유대 교, 기독교, 이슬람 교가 함께하는 다문화지역이고, 세계 문명의 발상지, 인더스 문명, 나일 문명, 메소포타미아 문명과 인접하고 있다. 긴 기간 동안 전면장학생을 선발하는 이유는 터키어를 온전히 배우는 조건이었다. 나를 망설이게 한 것은 나는 같은 해 1975년 미국 하와이 대학에 풀브라이트 장학생으로 선발되었다. 미국유학을 택했다. 미국이 대세 일 때이다. 터키 행을 포기했던 아쉬움이 있다. 그때 터키를 가서 7년간 공부를 했더라면 큰 지리학자가 되었으리라 생각한다.

백상기씨는 나와 비슷한 과정을 밟은 분이다. 백상기씨는 66년부터 89년까지 주 터키 한국대사관 고문으로 있으면서 24년간 통역관을 했다. 그는 한국전쟁 때 영어 통역장교로 입대하여 터키 군에 배속되어 터키 군의 통역을 했다. 터키 군 통역이 인연이 되어 터키에 유학을 하게 되었고, 대사관에서 24년이나 통역을 하고 터키 문화와 한국 문화를 알리는데 기여했다. 백상기씨는 내가 국회의원일 때, 터키 국경일 행사에서 같이 만났다. 터키는 한국과 가장 오래된 우방이다.

## 10.3 터키의 군부(軍府)

"터키는 민족주의와 이슬람이 결혼하여 세속주의(secularism)을 낳았고, 아이를 잘 키우기 위하여 군대가 보호하고 교육해야 한다."는 말이 있다. 세속주의란 터키에서는 정치와 종교가 분리되어 있다는 말이다. 주민의 99.8%가 이슬람이다. 모슬렘이 다수이지만, 종교는 자유다. 세속주의를 택하고 있다. 군부의 힘이 세다. 네번의 쿠데타, 1960년, 1971년, 1980년, 1997년에 있었다. 군부의 힘이 막강하기 때문에, 어떤 정책도 군부가 '노' 하면 안 된다. 정부의 가장 중요한 기구가 국가안보위원회(National Security Council)이다. 터키어로 MGK이다. 군 참모총장과 대통령, 각료로 구성된다. 국가의 안전이 위협받을 때 소집되고 정책이 결정된다. 즉 군의 간섭이 시작된다. 쿠데타를 의미한다. 쿠데타가 헌법에 보장된 셈이다. 1997년 쿠데타는 국가안보위원회에서 메모 한 장으로 수상과 각료를 해임하고 국회를 해산시켰다. 이쯤 되면 민주정치가 실현되기 어렵다.

2006년으로 기억한다. 자이툰 부대를 위문하기 위하여 국방위원 자격으로 이라크의 아르빌(Irbil)에 갔다. 터키와 이라크는 국경을 맞대고 있다. 이라크에서 터키를 가려면 다시 군용기를 타고 쿠웨이트까지 나가서 쿠웨이트에서 민항기를 타고 터키 앙카라에 들어가야 했다. 터키에 들어간 것은 무기를 팔기 위한 외교였다. K9 자주포 때문이다. 터키의 국방위원들을 만나고 터키 군에 대한 이야기를 들었다. 신분을 밝히지 말라는 한 국방위원, 국회의원을 만났다. '터키는 군의 특혜가 너무 많다. 너무 심하다. 관광지마저도 좋은 땅은 전부 국방부 땅이다. 개발을 할 수 없다. 터키는 아직도 군인의 나라' 라고 했다.

K9 자주포는 한국 방위산업체가 개발한 성능이 뛰어난 무기이다. 사정거리가 40km나 되고 155mm 포신을 가진 탱크에 장착하게 되어 있어 어디든지 이동이 가능하다. 연평도 사건 때 한국해병대가 북한으로 반격한 무기이다. 기동성이 뛰어나고 정확도가 높다. 터키 군부가 구매했다. 터키 동부에 숨어서 반군활동을 하는 쿠르드 족을 타격하기 위한 무기이다. 6.25전쟁때 영국은 한국에 파병을 하고, 중공군에 무기를 팔았다. 생각하면 한국은 이라크에 쿠르드 족을 보호하기 위하여 군대를 보냈고, 터키에는 쿠르드 족을 토벌하기 위하여 대포를 파는 싸가지 없는 짓을 하고 있었다. 국가란 그런 것이다.

터키는 아시아 국가이면서 NATO에 1952년 가입했다. NATO 가입 국가 중 미국 다음으로 군인이 많다. 56만 명이다. 미국이 군사원조를 하고 있다. 왜 그럴까? 흑해에서 지중해로 나가는 길목은 모두 터키 영해이다. 러시아의 지중해 진출을 견제하기 위한 것이다. 그 지정학적 가치를 잘 알고 있는 미국은 터키를 나토에 가입시켰다. 미국 핵우산 아래 터키를 포함시키고 있다. 독일, 네덜란드, 벨기에가 들어가 있다. 터키 내의 미군 기지에도 핵폭탄, B61을 90개나 보유하고 있다. 인치르크(Incirlik)는 터키 내의 미군의 공군기지이다. 극동의 오키나와 미국공군 기지 같은 성격이다. 오키나와는 중국을 견제하지만, 터키 남부 지중해 연안에 있는 인치르크 기지는 러시아를 견제하기 위한 미군 공군기지이다. 1957년 미국의 첩보 비행기 U2기가 소련 영공을 간첩 비행 하다가 추락 당했다. 인치르크 공군기지에서 출발하여 노르웨이에 있는 미군기지로 첩보 비행을 하던 중이었다. 냉전시대 대단한 사건이었다. 터키에는 미군기지가 여러 개 있다. 미군기지 반환을 요구하여 미국과 관계가 껄끄러운 적도 있다. 미군이 있는 곳에는 기지 반환 문제가 항상 제기되고 있다. 터키의 군부는 미국이 감싼다.

우리나라 수도 서울 한복판, 용산에 미군기지가 있다. 이런 경우는 식민지가 아닌 경우 유례가 없는 일이다. 1882년 임오군란을 빌미로 청나라 군대가 용산기지에서 대원군을 잡아갔다. 외국군이 서울에 주둔한 것의 시작이다. 청일전쟁의 패전으로 청이 물러난 자리를 일본군대가 주둔하여

1945년 일본이 항복할 때까지 일본군대가 50여 년 간 점령했다. 해방 후 지금까지 미군이 차지하고 있다. 면적은 2.2㎢(66만 평)이다. 대한민국의 수도 한복판이다. 대한민국의 상징, 대통령 궁 청와대와도 3㎞ 안 되는 거리에 외국 군대가 주둔하고 있다. 노무현 대통령은 미군기지 이전과 전시작전권 환수를 요구했다. 미국도 말이 안 되는 한미관계를 알고 있었다. 이제 평택으로 이전하는 모양이다. 독립국으로는 체면이 말이 아니었다.

# 11장 레반트(시리아)

 레반트는 로마어로 '떠오르는 곳(Rising area)', 태양이 떠오르는 지역, 기독교의 중심지, 베네치아에서 본 지중해 동안지역이다. 중세 때 광범위하게 터키, 이라크, 시리아, 레바논, 요르단, 이스라엘, 팔레스타인, 이집트까지를 포함하고 있다. 1차 대전 후 강대국, 영국과 프랑스 간의 식민지 영토의 분할 결과, 프랑스 지배지역을 레반트라고 했다. 그러나 프랑스와 영국의 식민지가 종식되고 난 후부터, 레반트 지방이라고 하면 시리아, 요르단, 이스라엘, 팔레스타인으로 지칭한다. 세계의 명소가 된 것은 중세 때는 서아시아와 로마, 터키와 이집트 간의 십자로(十字路), 무역의 중심이었고, 또 십자군의 주 무대였다. 여기가 근대 서방 종교, 기독교와 유대 교의 발생지이고, 이슬람 교가 중흥한 곳이다. 종교의 갈등 때문에 21세기까지 세계적인 분쟁지역이 되고 있다. 세계에는 많은 분쟁지역이 있지만, 가장 복잡하고 가장 오래된, 그리고 해결의 기미가 보이지 않는 곳이 레반트이다. 중동 갈등의 중심에 있고, 세계 갈등의 핵심이다. 레반트의 갈등을 풀면 세계평화는 영속할 것처럼 보인다.

'레반트(Levant)' 는 지금 세계의 분쟁지역으로 알려진 시리아, 레바논, 요르단, 이스라엘, 팔레스타인 지역이다. 먼저 시리아 편이다. 레반트 지역 전체를 한 묶음으로 다루고 싶지만, 자료가 없다. 국가별로 자료가 있지만, 레반트 지역 자료는 못 찾았다. 마치 극동은 중국, 한국, 일본, 대만을 지칭하지만, 극동의 자료가 없는 것과 같다. 시리아는 레반트의 중심 국가이다. 현재 시리아는 (면적 18.5만㎢, 인구 2천 만명) 크기이다. 레반트 지역 내 레바논(면적 1.0만㎢, 인구 440만), 이스라엘(2.0만㎢, 820만), 요르단(8.9만㎢, 670만) 중에서 시리아는 가장 넓고 큰 인구를 갖고 있다. 레반트는 시리아가 상징적인 국가이다. 그리고 옛날에는 레반트 지역과 시리아가 일치했다. 지금 여러 나라로 분리 독립하였다.

지구상의 영토문제는 제국주의 시대, 강대국 간의 영토 분할로 문제가 발생했다. 시리아의 문제도 마찬가지이다.

당시 오스만의 영토였던 시리아는 1차대전 때, 오스만과 함께 독일-오스트리아 제국의 편을 들어 싸웠다. 전쟁에 졌다. 오스트리아-헝가리 제국과 오스만 제국이 해체되었다. 승전국 영국과 프랑스는 '레반트'를 놓고, 갈라 먹기를 했다. 영국의 외상 시케와 프랑스 외상 피코트 간에 협정(Sykes - Picot Agreement)이다. 즉 요르단과 이라크 직선으로 서북쪽은 프랑스가 지배하고, 동남쪽은 영국이 먹기로 합의한 장물 갈라먹기 협정이었다. 시리아, 레바논, 요르단은 프랑스가 지배했다. 이차대전이 끝이 나고, 식민체계가 무너지고, 민족의 독립운동이 일어났고, 시리아는 독립했다.

시리아는 전체가 지중해식 기후지역과 사막기후이다. 그리고 고원지대이다. 면적은 18.5만㎢ 남한의 두배가 된다. 건조지방의 인구 크기는 전적으로 수원의 확보와 비례한다. 해안지역은 500㎜ 강우량이 있다. 지중해 기후지역에서는 많은 강우량이다. 해안 지역은 지구상의 인류가 가장 오래 지속적으로 거주하고 있는 곳이다. 해안 지역에는 기원전 6,000년 전에 이미 소를 이용하여 농경을 했다. 지금도 비옥한 농업지대이다. 맞은 편 지중해에는 키프로스 섬이 있다. 지중해 연안에는 오래된 역사적인 도시들이 있다. 북쪽에 알레포(Aleppo, 인구 210만)는 시리아에서 제일 큰 도시이고, 알레포의 남쪽 하마(Hamah, 85만), 홈스(Hims, 65만),

수도 다마스커스(Damascus, 170만)까지 내륙 쪽에 산맥 안쪽을 따라 분포하고 있다. 물을 얻을 수 있는 오아시스들이다. 북쪽은 터키이다. 터키와는 긴 국경을 맞대고 있다. 터키 쪽에는 아나톨리아 산록에 해당되므로 큰 도시들이 발달해 있지만, 시리아 쪽은 사막이므로 텅 비어 있다. 국경의 길이 만큼이나 터키와의 문제가 길고 복잡하다. 시리아의 동부는 시리아 사막이 전개된다. 이라크 국경도 사막이다. 시리아 사막의 고원지대이지만, 동부에는 터키에서 발원한 유프라테스 강이 시리아의 동부를 관통하여 흐른다. 유프라테스 강은 시리아의 젖줄이다. '알 자지라(al Jazira)', 메소포타미아 지방, 고대문명의 발상지이다. 지금은 댐을 건설하여 '아사드 호수'를 만들었다. 알레포에 식수를 공급하고 주변에 관개를 하여 넓고 비옥한 농업지역을 만들었다. 그리고 남쪽 레바논의 국경지대에 레반트에서 가장 높은 헤르몬 산(2,800m)이 있다. 헤르몬 산과 가까이 수도 다마스커스가 있다. 헤르몬 산에서 흘러내리는 바라다(Barada) 강을 수원으로 한다. 남서쪽에 이스라엘과 접경한다.

## 11.1 시리아 내전

시리아 내전은 '중동의 봄'으로 시작되었다. 2010년 12월 튀니지에서 시작한 중동의 자유화·민주화 바람은 시리아에도 불었다. 민주화 바람은 리비아, 이집트에 혁명으로 이어져 카다피와 무바라크 정권이 무너졌다. 시리아의 민주화 운동은 2011년 3월 시작되었다. 당시 시리아에서는 정권을 비판하는 행위는 일체 금지되었고, 집회도 엄격히 통제되었다. 반정부 민주화 인사들은 고문·투옥되었고, 쿠르드 족에게는 시민권을 주지 않았다. 여성과 소수종파에게는 공무원이나 공직 참여를 제한했다. 데모는 알레포(Aleppo, 180만명) 와 다마스쿠스(Damascus, 200만명)에서 일어났고, 시간이 갈수록 전국도시로 확대되고 격화되었다. 다라(Daraa,15만명)에서 경찰이 발포를 했고, 7명의 경찰과 15명 시민이 살해되었다. 데모대의 주장은 정치범의 석방, 자유선거, 긴급명령의 철폐, 부패척결이었지만, 시간이 갈수록 데모 구호는 아사드 정권 타도를 요구했다.

아사드 정권은 군을 동원하였고, 탱크와 항공기로 데모 군중을 진압했다. 2011년 5월에는 1,000명의 시민이 살해되고, 150명의 군인이 희생되었다. 그해 6월 정부군은 터키와 인접한 국경도시, 슈그르에서 장례행렬에 발포를 했고, 데모대는 감춰진 총으로 대응사격을 하여 초소병 8명을 모두 살해 했다. 반군이 형성된 것이다. 각 도시로 확산되었다. 시리아 인은 유목민의 전통으로 집집마다 한두 자루 총이 있다. 억울하게 당하면 총을 들고 나온다. 이라크 내전으로 피난민이 가져온 총도 많다. 평화 군중이 조직화하면 즉시 총이 등장하는 이유이다. 우리와는 시위 문화가 다르다. 시리아의 6백50만 명 난민은 살던 곳을 떠나 피난길에 올랐다. 400만 명의 시리아인이 인접국가 터키, 레바논, 요르단, 이라크, 이집트로 피난을 갔고, 난민은 식량과 식수의 부족으로 고통을 겪고 있다.

'시리아의 봄'은 독재가 원인이다. 시리아가 1946년 독립을 하고 사회주의 공화국으로 출발을 했다. 1949년부터 연거푸 쿠데타가 일어났다. 1966년 당시 국방부장관이었던 하페즈 아사드(Hafez al Assad)가 쿠데타로 권력을 잡고, 2000년 죽을 때까지 34년 간 독재를 했다. 뒤를 이어 아들 바사르 아사드가 97.5%의 지지를 받아 대통령이 되어 15년간 권력을 잡고 있다. 북한과 다르지 않다. 북한과 가깝다. 북한과는 수교를 했어도 남한과는 외교관계가 없다. 아사드 정권의 기초는 시아파의 소수 알라위트 교파이다. 시리아 인구의 12%를 차지한다. 이슬람 교 내에도 600여개의 종파가 있다. 지역에 따라 민족에 따라 다른 교파로 분화되었다. 시리아에는 아랍 수니파 60%, 시아파 알라위트 12%, 수니-쿠르드 9%이다. 그와 기독교를 포함하여 기타, 로마 가톨릭, 그리스 정교, 아랍 정교, 그리스 가톨릭, 동방 정교, 아르메니아 기독교 등을 포함하여 18%를 차지하고 있다. 시아파 알라위트(Alawite) 교파의 장교들이 쿠데타를 주도하여 정권을 잡았다. 따라서 정부의 고위공직, 군의 고급장교와 석유산업을 비롯한 주요 기간산업을 독점하고 있다. 다수의 수니파는 소외되었고 불만이 있었다. 게다가 계속되는 가뭄, 부정부패, 물가고로 정국이 불안했다.

서방언론은 시리아의 민주화 운동으로 아사드 정권은 쉽게 무너질 것으로 판단했다. 그러나 시리아의 내전은 복잡한 양상으로 치닫고 있다. 미국과 서방국가와 터키, 사우디는 민주화를 추종하는 반군 편을 들었다. 반군에 무기도 제공하고, 반군(FSA)을 도와 전투기를 지원하여 정부군에 폭격을 하였다. 반군 쪽에 이슬람국가(IS), 알 누스라 전선, 무하지딘이 합류하고, 쿠르드 족이 반정부 전선을 형성하며 합류했다. IS, 헤지볼라, 쿠르드, 테러 단체로 규정되어 있다. 미국이 반군을 지원하는데, 반군은 테러단체들과 연합하고 있어 아이러니가 생긴 것이다. 한편 정부군 쪽에 러시아, 중국, 이란이 편을 들고 있다.

점령지역으로 보면 반군이 차지하는 면적이 넓다. 시리아

사막의 대부분이고, 유프라테스 강 유역의 도시를 점령하고 있다. IS와 쿠르드는 터키 국경지대를 점령하고 있다. 한편 정부군은 다마스쿠스를 중심으로 지중해 연안 남북으로 알레포 홈스를 거점으로 하고 있다. 대도시 외곽지역은 정부군과 반군 사이에 빼앗고 빼앗기는 전투를 계속하고 있다. 언제 어떻게 끝이 날지는 아무도 모른다. 반군의 연합도 항상 제휴를 하는 것이 아니다. 각 무장단체의 목적이 각각 다르다. 미국과 유럽, 러시아 중국이 이 지역의 내전에 대하여 관심을 갖는 것은 수백만에 이르는 난민의 지위가 아니라, 레반트 지역의 주도권과 석유와 지하자원이다. 러시아가 손을 떼면 반군이, 미군이 손을 떼면 정부군이 득세하는 형국이다. 현재 대도시는 정부군이 점령을 하고 있고, 동부 사막지역은 반군이 차지하고 있다. 트럼프는 미군이 철수한다고 했다. 구심점이 없는 반군이 밀리고 있다. 월스트리트 지는 미군의 철수와 러시아 터키간의 협의는 알아사트 정권이 반군의 본거지인 동북부로 들어가는 길목을 텃다고 보도했다.

## 11.2 베이루트(Beirut)

인구 200만의 지중해연안의 항구도시, 중동에서 가장 서구적인 도시가 베이루트이다. 동양에서 가장 서양적 도시가 홍콩인 것과 사연이 같다. 프랑스가 1차대전후 레반트를 지배하면서 베이루트를 식민지 거점도시로 만들었다. 베이루트는 내전으로 또 이스라엘 간의 전쟁으로 엄청나게 파괴가 되었지만, 도시의 경관은 프랑스의 항구도시를 보는 것과 같다. 건물의 양식, 공원과 도로의 배치, 토지이용, 도시계획이 프랑스의 도시와 매우 유사하다. 도시계획만 프랑스 도시를 닮은 것이 아니다. 카페나 부티크, 레스토랑, 팝, 은행, 쇼핑거리, 호텔, 신문을 파는 키오스크가 모두 프랑스풍이다. 도로명도 드골 애비뉴, 파리 애비뉴, 세인트 조지만, 로체(바위) 언덕 등 곳곳에 프랑스 이름이 남아있을 뿐만 아니라 더 선호한다.

사용하는 언어도 불어와 영어가 아랍어 보다 더 일반적이다. 도시의 관광명소는 모두 프랑스의 것을 따르는 곳이 더 많다. 프랑스가 레바논을 23년(1923-1946)동안 식민지 지배를 하면서 우리보다 더 지독하게 탄압을 했다. 프랑스를 벗어나기 위한 독립운동을 하다가 수 만명이 희생되었다. 그러나 그들은 프랑스의 문화를 남겨두었다. 비슷한 기간 동안 일본의 식민지 지배를 받았던 한국의 부산에는 일본의 이름이라고는 하나도 남겨두지 않았다. 우리는 일본에 대한 적개심이 높다. 왜 그럴까?

레바논 내전(1975-1990), 15년 6개월간 계속되었다. 기독교와 수니 이슬람 간의 전쟁이다. 종교 간의 갈등은 역사적으로 언제나 있어왔다. 이웃 팔레스타인 지역에 이스라엘이 독립을 하면서 이슬람 팔레스타인 주민이 대거 레바논으로 이주해 왔고, 베이루트에 살고 있는 기독교인과 갈등이 일어났다. 15년간의 내전은 전선이 형성되어 영토를 차지하는 전쟁이 아니라, 같은 도시에 살면서 암살과 폭탄투척, 자살폭탄 테러로 이어지는 내전이다. 게다가 이웃 시리아는 팔레스타인 난민 쪽을 편들고, 이스라엘은 기독교인의 편을 들어 편싸움이 시작되었다. 냉전시대였던 그때 시장경제를 추구하는 기독교도는 프랑스와 미국이 편을 들었고, 팔레스타인과 아랍 쪽에게는 이란과 소련이 편을 들었다. 끝없는 내전은 종교와 민족, 이데올로기까지 겹친 내전이었다.

유엔의 주선으로 휴전상태로 들어갔다. 레바논의 해안지역은 기독교, 동부는 시리아, 남부는 이스라엘의 영향력이 강하게 남아있다. 휴전상태로 평화가 유지되는 가운데 여러 번의 선거를 통하여 무력항쟁은 수그러들고 있다. 레바논의 정규군(LAF: Lebanese Armed Forces)이 전국토의 2/3를 장악하고 있다. 내전의 상처는 깊다. 15만 명이 내전으로 죽었고, 10만 명이 부상으로 불구가 되었고, 인구의 1/5인 90만 명이 고향을 떠나야 했다. 25만 명은 아예 외국으로 이주해

버렸다. 수많은 지뢰가 발굴되지 못한 채 방치되어 있고, 안전사고가 지금도 일어난다. 내전으로 납치된 수만 명 민간인은 아직도 실종 상태에 있다.

중심도시 베이루트는 금융과 관광이 주산업이다. 높은 예금은 유럽의 이자율보다 높기 때문이다. 레바논의 화폐는 자유롭게 외국화폐와 환전이 가능하고 자본의 흐름에 어떤 제약도 없다. 1956년 자본보호법이 통과되어 예금자의 비밀을 지켜주고, 또 이자소득에 대하여 면세를 하고 있다. 외국인 투자에 대하여서도 완전한 자유를 보장하고 있다. 중동 금융의 중심지이다.

베이루트의 관광산업은 금융산업과 함께, 지역경제를 유지하는 주축이다. 중동의 파리( 'The Paris of the Middle East)'라 불렀다. 2012년의 통계에 따르면 베이루트의 관광객은 아랍연합국에서 34%, 유럽(주로 프랑스, 독일, 영국) 33%, 아메리카(주로 미국)에서 16%가 들어오고 있다. 베이루트의 중심가 CBD(업무중심가)와 해안의 로체 언덕은 프랑스 건축과 오스만 제국의 문화유산이 혼재되어 있다. 최고의 관광지는 콘이세 베이루트(Corniche Beirut)인데, 지중해를 면한 해안도로 4.8㎞구간의 중심지(CBD)이다. 파리거리, 드골거리도 있다. 지중해가 내려다보이는 석회암 절벽 위 해안도로가 아름답다..

## 11.3 암만(Amman)

우리나라도 언제부터인가 잘 살게 되어 세계여행이 자유로워졌다. 단체여행만이 아니고 개인도 비행기 표를 티켓팅하고 현지의 숙소도 스마트 폰으로 예약을 한다. 세계 어디를 가더라도 현지 한국인 민박집이 있고, 식당도 있다. 참으로 많이 변했다. 1970년대만 하더라도 한국은 여권을 내기도 힘들었고, 여권을 갖고 있다 해도 입국 할 수 있는 나라가 10 여 개 국가에 불과했다. 입국하는 나라마다 비자를 받아야 했다. 지금 한국여권을 갖고 못가는 나라는 북한 단 한개 뿐이다. 전 세계 어느 나라든 여행 할 수가 있다. 한국여권을 들고 나가면 자부심이 느껴진다.

어느 나라를 가던 고유한 문화유산이 있다. 문화유산이 여행지를 선정하는 기준이 되기는 하지만, 사실 맞대고 보면 문화유산보다 현지에 살고 있는 사람과의 만남이다. 아무리 좋은 문화유산 자연경관이 있다 하더라도 현지인과의 만남이 틀어지면 그 여행은 망치는 꼴이 된다. 상품이 중요한 것이 아니라 서비스가 더 중요하다. 반면 세계적인 볼거리가 없다 하더라도 현지인이 친절하고 좋은 인연이 만들어지면 그 여행은 값지게 느껴진다. 또 한국보다 잘사는 나라를 여행하기 보다는 우리보다 못사는 나라를 여행하는 맛이 더 있다. 사람 대접을 받기 때문이다. 다른 자연에 살기 때문에 다른 문화를 갖고 있고, 다른 문화와의 접촉은 여행의 목적이다.

암만은 요르단의 수도이다. 고원지대에 위치한다. 700m에서 1100m고지에 위치하므로 시원하여 사람이 살기 좋은 기후이나, 현대 도시 인프라를 구축하는 데는 매우 불편한 지형이다. 겨울은 서쪽 산악지역에는 눈이 있다. 우기인 겨울에는 매일같이 짙은 안개가 있다. 인구는 400만이다. 요르단 인구 800만의 1/2이 수도 암만에 거주한다. 사막지역에 400만의 대도시를 유지하기 위하여서는 충분한 물이 있어야 한다. 요르단 강 지류 자르카 (Zarqa) 강이다. 수원이 충분치 못하여 강은 많이 오염되어 있다. 후진국의 수도는 모두가 정치, 경제, 문화의 중심지이다. 모든 것이 권력이 있는 수도에 다 모여 있다. 요르단은 인구의 절반이 난민이다. 이웃국가들이 내전에 휩싸여 있어 전쟁이 없는 요르단으로 피난을 왔다. 암만으로 몰려들었다. 중동의 전쟁은 어떤 경우든 이스라엘 때문에 일어난다. 요르단 국가만은 이스라엘과 잘 지낸다. 이웃 아랍 국가들은 배신자라 한다. 이스라엘과 평화협정(1994)이 체결되어 있다. 지금은 시리아 내전으로 50만 명의 난민이 들어와 살고 있고, 그전에는 이웃 이라크 전쟁으로 난민이 들어왔다. 전쟁만 나면 난민이 요르단으로 들어온다.

　입헌군주국이다. 국왕의 권력이 막강하다. 모든 각료는 국왕이 임명하고 군의 통수권을 장악하고 있다. 친 서방국가이다. 이스라엘과 평화협정을 체결하고 미국, 영국과 잘 지낸다고 아랍 국가들은 속으로 미워하고 있다. 2005년에는 호텔에 폭탄테러가 일어나 60명이 죽고 115명의 부상자를 냈다. 알 카에다 소행이라고 했다. 그 후로는 이제까지 수도 암만에 테러는 없었다. 암만도 레반트의 큰 도시와 마찬가지로 기원전 7천 년 전부터 사람이 살았던 오래된 도시이다. 요르단은 지중해 연안 국가이면서 지중해와 접하지 못하고 있다. 지중해 기후의 영향을 받지만, 요르단과 지중해 사이에는 이스라엘이 있다.

　관광자원이 많은 나라이다. 인접국가로부터 의료관광이 유명하다. 연간 25만 명의 환자가 치료와 관광 목적으로 암만을 찾고 있다. 전체 연간 180만의 관광객이 들어오고 13억 불의 외화수입을 올리고 있다. 요르단에는 암만의 북쪽에 제라시(Jerash)의 로마 유적, 페트라(Petra) 유적이 있고 남부의 와디럼(Wadirum) 사막은 많은 볼거리가 있다. '사해문서(Dead sea Scrolls)'가 유명하다. 사해의 서안의 동굴에서 항아리에 들어있는 것을 양치기 베두인이 양을 찾기 위하여 동굴 속으로 돌을 던졌더니 항아리 깨지는 소리가 났다. 동

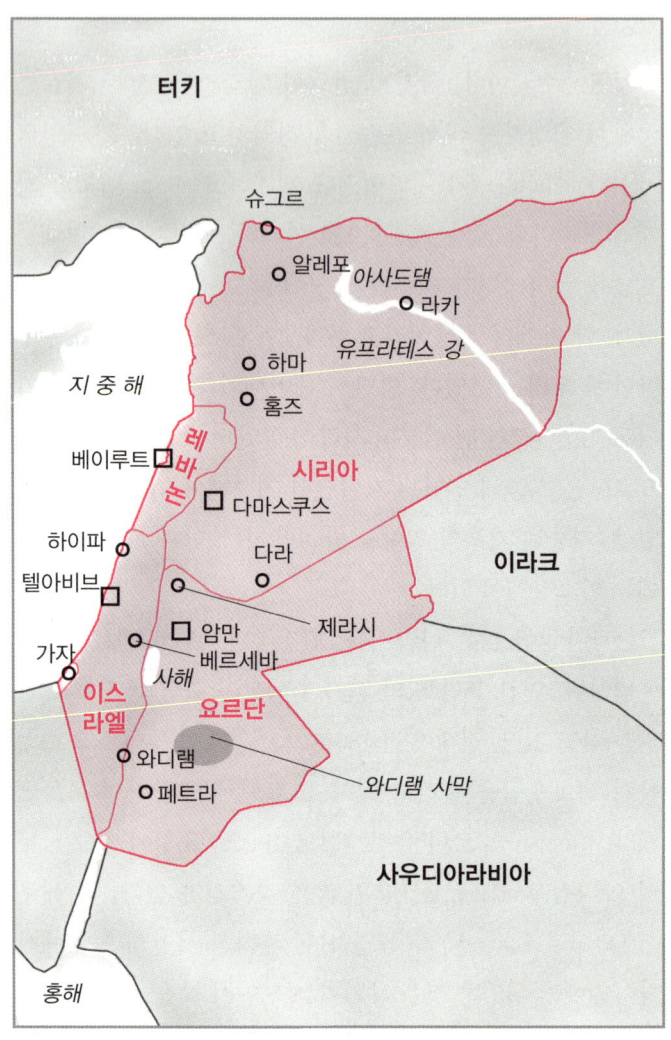

레반트 지역: 시리아, 레바논, 요르단, 이스라엘, 가자지구

굴 속으로 들어가 보았더니 양피지 두루마리가 발견되었다. 세계를 떠들썩하게 했던 사건이다. BC 408 - 318년 경의 것으로 구약 성경의 일부이다. 사막기후이기 때문에 가능했다. 역사, 종교, 언어 연구에 귀중한 가치를 갖고 있다. 사해 문서가 암만에 있는 고고학박물관에 일부 보관되었다. 베이루트는 프랑스의 풍, 암만은 영국풍이다. 요르단은 영국의 식민지였다. 미국식 패스트푸드, 맥도날드, 프랑스의 라 메송, 이탈리아의 트라토리아를 쉽게 볼 수 있다. 아랍 국가이면서도 레스토랑이나 나이트클럽에서 술은 일반적이다. 암만은 아랍 국가들 중에서 가장 서구화된 도시이다.

# 12장 이스라엘 (1)

## 12.1 이스라엘의 탄생

　우리속담에 '굴러들어온 돌이 박힌 돌을 빼려한다' 는 말이 있다. 타지에 온 사람이 세력이 커져서 원주민과 갈등이 일어날 때 원주민이 느끼는 감정이다. 중동지역의 아랍 인들이 이스라엘 유대인에게 느끼는 정서가 꼭 그렇다. 유대인과 아랍 민족 간에 갈등이 일어난 것은 이스라엘 국이 탄생하면서 부터이다. 1차 대전과 2차 대전 사이 세계는 경제 공항으로 유럽 국가들은 정치와 경제에 위기가 조성되었다. 독일 히틀러를 비롯하여 서방 국가들은 국가가 위기 상황에 놓이면 소수민족을 희생양으로 삼았다. 유대인은 유럽 주류

민족들의 박해 대상이었다. 유럽에 살던 유대인이 팔레스타인 지역이나 미국으로 대거 이민을 갔다. 팔레스타인 지역에 초기 유대인 이민이 들어올 때는 아랍 인들은 환영을 했다. 유럽에서 돈 많은 유대인이 가난한 팔레스타인 지역의 토지를 매수하고, 선진 문명의 전래는 긍정적인 영향을 준다고 생각했다. 많은 유대인들의 진입은 요르단 강물을 너무 많이 사용하여, 시리아와 요르단의 수원을 뺏는 결과가 되었다. 갈등이 일어났다.

유대인의 집단 이주는 1492년이 시작이다. 스페인에서 이슬람의 지배를 몰아내고 다시 기독교국가로 복원하는 레콘키스타(Reconquista)가 일어났다. 스페인을 무어인(이슬람)이 지배를 하고 있을 당시 기독교를 탄압할 목적으로, 유대인을 이용했다. 다시 기독교 국가가 된 스페인은 당시 이슬람을 도운 유대인을 박해했다. 유대인들은 대거 팔레스타인 지역으로 이주를 했다. 최초의 디아스포라이다. 유대인들이 박해를 받고 탈출하는 이민을 디아스포라(Diaspora)라고 한다. 보통명사가 되었다. 20세기 초부터 독일 나치의 박해가 일어나기 까지 5차 걸쳐서 유럽에서 디아스포라가 일어났다. 팔레스타인 지역에는 19세기 초만 하더라도 팔레스타인 80%가 무슬림, 유대인 11%, 기독교 9%였다. 200년이 지난 지금 이스라엘의 인구는 8백20만이고 75%가 유대인, 아랍

인 20%, 기독교인 5%이다. 팔레스타인 지역의 유대인의 인구가 이슬람 인구보다 많아졌다. '굴러온 돌이 박힌 돌을 뺏다' 디아스포라는 팔레스타인지역에 유대인 부자들이 들어와 경제발전에 크게 기여 하였다.

팔레스타인 지역은 1차 대전 이래 영국이 지배를 하고 있었다. 갈등을 풀기 위하여 1947년 11월 29일 UN은 영국이 지배하고 있었던 팔레스타인 지역을 유대인과 팔레스타인들이 분할 독립하여 살도록 하였다. 도시 예루살렘만은 기독교, 유대 교, 이슬람이 성지로 인정하여, UN에서 관할하는 특별구역으로 하였다. 유대인은 환영했고, 현지의 아랍인들은 물론 주변의 아랍 모든 국가들은 UN의 제안을 거부했다. 1948년 5월14일 영국은 물러가고 이스라엘은 독립국으로 탄생했다. 박힌 돌을 빼게 하는 불공정 판정을 UN이 하도록 한 배후는 영국과 미국이 주도하였다.

전쟁이 일어났다. 1차에서 4차에 걸친 중동전은 이스라엘과 주변의 아랍국가들 간의 전쟁이었다. 전쟁은 예상을 깨고 모두 이스라엘의 승리로 끝이 났다. 이스라엘이 주변의 막강한 이집트와 시리아와의 전쟁에서 승리를 한 것은 의외였다. 중동전 사상 가장 큰 규모의 전쟁은 1967년 2차 중동전쟁 또는 '6일 전쟁(Six Day War)' 이다. 이스라엘과 이집트, 시리아, 요르단, 이라크, 레바논의 연합군과 아랍국 전체가 지원한 전쟁이었다. 이스라엘과 아랍 연합국과의 군사력은 이스라엘군 264천명/ 아랍군 547천명, 탱크 800대 / 2천500대, 전투기 300대/ 957대의 대비이다. 아랍 쪽의 전력이 절대 우세한 전쟁이었다. 그러나 전쟁의 결과는 아랍 연합군이 참패로 끝이 났다. 어떻게 이스라엘이 대승을 했는가는 군사 전략가들은 지금도 연구를 하고 있다. 기적 같은 일이다. 미국과 서방국가는 이스라엘 편을 들었고, 소련은 아랍 국가들의 편을 들었다. 그러나 그것만으로 이스라엘이 전쟁에 이겼다고 할 수는 없다. 전쟁의 승패를 좌우하는 것은 우세한 무기도 중요하지만, 이스라엘은 물러설 곳이 없는 한계 상황이었다. 2차대전 동안 600만 명이 어떻게 희생되었는지 교육하고 있다. 전쟁에 이긴 이스라엘은 이집트의 가자 지구(360㎢), 요르단의 서안(West Bank 5,640㎢), 시리아의 골란 고원(1200㎢)과 동 예루살렘(6.7㎢)을 점령했고, 지금에 이르고 있다. 처음에는 돌려줄 뜻을 비쳤으나 세월이 갈수록 영토로 접수 의향을 보이고 있다. UN이 인정 하던 않던 간에 이스라엘은 전쟁으로 점령한 땅을 사실상 영토로 하고 있다.

## 12.2 가자 지구

지구상에 사람이 사는 곳에 가자 지구 만큼 열악한 환경은 없다. 가자 지구에는 99.8%가 팔레스타인 인이 살고, 그들은 수니 무슬림이다. 매우 가난하다. 언제든지 이스라엘의 국방군(IDF)이 들어와 수색을 하고, 또 체포를 한다. 먹을 물이 부족하고, 기름도 부족하고, 농사지을 땅도 부족하다. 1948년부터 지금까지 이스라엘과 갈등관계에 있다. 말은 독립국이라고 하지만 독립국으로 살아가려면 독립적으로 나라를 운영 할 수 있는 능력이 있어야 한다. 가자(Gaza)는 그렇지 못하다. 유엔 결의로 1988년 12월5일에 독립은 했다. 1967년부터 이스라엘이 점령하고 있던 가자 지구에서 2005년 이스라엘 군은 철수했다. 단 해안과 국경과 영공은 무기 반입을 통제하기 위하여 이스라엘 군이 지속적으로 감시한다는 조건이다. 이스라엘로부터 물, 기름, 식량과 생필품을 들여와야 하고, 자국의 화폐가 없고, 이스라엘 세켈, 이집트의 파운드가 통용된다. 가자 지구는 이스라엘과 이집트의 도움 없이는 하루도 살아 갈 수 없는 취약한 국가이다. 그런데도 가장 도움을 많이 받는 이스라엘과 싸워야 한다.

'팔레스타인' 은 지명이기도 하고 민족이름이기도 하다. 팔레스타인 국은 가자 지구(Gaza Strip)와 서안(West Bank)

으로 구성되어 있다. 가자 지구 면적은 360㎢, 인구는 1백80만명이다. 서안은 5,860㎢, 인구 2백35만명이다. 팔레스타인 지역에 이스라엘과 팔레스타인이 같이 독립 하도록 정한 것은 UN의 결의였다. 1948년부터 지금까지 이스라엘과 수없이 전쟁을 했고, 아직도 테러를 하고, 보복이 따른다. 이런 상황에서 팔레스타인에게는 두 가지 정치적 견해가 있다. 하나는 원래가 팔레스타인 땅이므로 이스라엘의 건국은 인정 할 수 없고, 몰아내야 한다는 이슬람의 원리주의 입장이다. 한편 현실은 이스라엘이 지배하고 있고, 이스라엘은 미국을 비롯하여 서방국가의 지원을 받고 있는 나라이므로 살기 위해서는 공존을 할 수밖에 없다는 현실주의 정치 견해이다. 전자는 하마스(Hamas) 당이고, 후자는 파타(Fatah) 당이다. 파타 당이 집권해 왔다. 평화가 유지 되었다. 팔레스타인 국 대표자는 야세르 아라파트이다. 미국 클린턴 대통령의 주선으로 핀란드 오슬로에서 팔레스타인 대표 아라파트와 이스라엘 수상 라빈이 평화협정을 비준하였다(1993.8).

팔레스타인과 이스라엘 사이에 평화가 오는 듯했다. 가자 지구는 이스라엘이 동북쪽으로 51km를, 남서쪽 11km는 이집트가 둘러싸고 있다. 이스라엘과 상거래가 많아지고, 이스라엘로부터 물의 공급, 기름의 공급이 원활해지고 삶의 질이 높아갔다. 그러나 팔레스타인 집권당이 국경무역을 하면서, 뇌물을 많이 챙겼다. 곳곳에서 부정과 부패가 만연했다. 2005년에 아라파트 수상이 사망했고, 다음해 2006년에 총선이 있었다. 집권당의 부정과 부패에 불만을 품은 가자 시민은 과격파 하마스 당을 지지해서 다수당이 되었다. 하마스는 '오슬로 협정'을 거부하고, 이스라엘의 존재를 인정하지 않는 테러 단체이다. 하마스가 승리하자 곧 미국을 비롯한 서방국가들은 모든 원조를 중단했다. 이스라엘과 이집트도 무역을 통제하고 경비를 강화했다. 자연히 무역량은 줄고, 용수, 기름이 부족하자 내분이 일어났고, 하마스당과 파트당은 내전으로 비화했다. 한편 하마스 당은 이스라엘에게 테러를 감행했다. 이스라엘과 관계는 무너지고, 상응하는 보복(Tit for Tat), 즉 이에는 이, 눈에는 눈의 보복이 시작되었다.

가자 지구를 두고 이집트와 이스라엘 간의 관계 또한 야릇하다. 이집트에서 가지지구로 들어가는 관문이 있다. 민족과 종교는 팔레스타인 편이다. 1948년까지 이집트가 가자 지구를 점령한 후에 합병은 하지 않았지만, 1967년까지 사실상 통치를 했다. 1967년, 6일 전쟁에 승리 한 이스라엘은 가자 지구를 접수하고, 이집트의 시나이 반도를 점령했다. 이집트와 이스라엘 간에 1979년 평화협정이 체결되었고, 시나이 반도를 이집트에 돌려주었다. 시나이 반도에는 일체의

무기를 들여 놓을 수 없다는 조건이 붙어 있었다. 그러나 가자 지구 팔레스타인은 이집트와 국경지대 지하 터널을 수백 개 뚫어 생필품과 무기 밀거래를 하고 있다. 이스라엘은 감시단을 이집트 국경지대까지 파견하고 있고, 아직도 이스라엘 군에 의하여 영공과 영해를 비롯한 가자 지구는 철저한 감시 하에 있다. '울타리 없는 감옥(Open Air Prison)'이라 한다. 세상에 이렇게 살아 가는 민족도 있다.

### 12.3 팔레스타인

지역 팔레스타인(Region Palestine)은 일명 남 레반트(South Levant) 지역이다. 요르단 강이 있고, 사해가 동쪽에 있고, 요르단 강이 요르단과 경계를 이루고, 서쪽에는 지중해와 면하고, 북쪽에는 시리아, 남쪽에는 이집트의 시나이 반도가 면한 곳이다. 동 지중해 연안에서 가장 사람이 살기 좋은 곳이다. 지금은 이스라엘과 인접국가, 이집트, 요르단, 레바논, 시리아 간에 세계의 분쟁지역이 되었다. 1948년부터 지금까지 전쟁과 테러와 보복이 없었던 해는 없는 곳이다. 세계 최악의 분쟁지역이다. 이 지역의 분쟁이 해결되고 평화가 정착된다면 세계 어느 곳의 분쟁지역도 팔레스타인의 해결을 모델로 삼을 만한, 매우 복잡하고 난해 한 국제문제이다.

여기서 언급하는 '팔레스타인(Palestine)'은 역사적 지리적 팔레스타인이 아니고, 이스라엘이 점령하고 있는 웨스트 뱅크(West Bank, 5,860㎢), 동 예루살렘(East Jerusalem, 70㎢) 가자 지구(Gaza strip, 360㎢)와 사해(Dead sea, 220㎢)을 말한다. 총 6,220㎢이다. 서로 자기 민족과 종교와 연고가 있는 땅이라고 주장한다. 팔레스타인에 팔레스타인 인구는 455만명 88%, 수니파 이슬람이고, 유대인은 56만 명, 12%에 불과하다. 같이 살아가고 있다.

로마 제국의 뒤를 이어 줄곧 이슬람 제국이 지배를 했다. 지난 500년간 오스만 제국이 지배 했다. 1차대전 패전으로 오스만 제국이 물러간 자리를, 1922년 프랑스와 영국이 나누어 가졌다. 북쪽 시리아는 프랑스, 남쪽 레반트 지역은 영국이 차지했다. 당시 현지 아랍 민족은 영국의 통치를 반대 했으나 유럽에서 이민 온 유대인은 영국군을 도왔다. 영국의 외무부장관 발포아(Balfour)는 팔레스타인 땅에 유대인 국가 건설을 약속해 주었다. 오스트리아 - 헝가리 제국이 붕괴되고 민족국가가 등장했다. 유럽 국가들은 어디를 막론하고 유대인들을 박해했다. 박해를 받은 동유럽의 유대인들이 대거 영국이 지배하는 팔레스타인 지역으로 이주했다. 동시에 시온이즘(Zionism) 운동, 즉 유대인 독립국 운동이 때를 같이 했다. 2차 대전 중 영국은 이 지역에 살고 있는 유대인과 아랍 인에게 영국을 도와주면 전후 독립을 시켜주겠다고 이중으로 약속을 했다. 전후 영국은 유대인 국가를 시도하자, 인접 아랍 국가들은 유대인 국가 건설을 반대했다.

분쟁이 일어나자 난감한 영국은 팔레스타인 문제를 유엔에 상정하였다. 유엔 총회는 1947년 9월3일에 팔레스타인 땅에 독립국 이스라엘과 독립국 팔레스타인을 동시에 승인했다, 그리고 성지, 예루살렘에 대하여서는 유엔의 분리관할지구(Corpus Separatum)를 지정하였다. 당시 UN은 미국, 영국, 프랑스의 독무대였다. 이스라엘은 분할 독립을 환영했지만, 아랍 국가들은 UN의 결의를 거부했다. UN결의에 의한 팔레스타인 분할은 아랍 인이 살던 땅을 힘으로 UN의 입을 빌려, 유대인에게 땅을 떼내어 주는 형국이었다. 팔레스타인들에게 억울한 결의안이었다. 인접 아랍 국들은 1948년에 대 이스라엘과 전쟁을 선포했다.

아랍 국가들은 '이스라엘과 협상은 없고, 이스라엘을 몰아내기 전까지는 중동의 평화가 없다' 고 주장을 했다. 본국보다 더 많은 유대인이 사는 미국 부자 유대인들의 적극적인 재정지원으로 이스라엘은 버티고 있다. 한편 쫓겨난 팔레스타인과 이웃 아랍 국들은 더욱 빈곤해 졌다.

보복으로 아랍 측이 '1967년 6일 전쟁' '1973년 전쟁'을 했지만, 아랍 측의 참패로 끝이 났다. 전후 팔레스타인, 즉 가자 지구, 예루살렘, 웨스트 뱅크, 골란 고원 팔레스타인 지역은 이스라엘이 지배를 하고 있다. 팔레스타인에 살고 있는 12%의 인구를 보호한다는 명목 아래 수시로 군대를 파견하고 있다. 아랍 인들은 무기를 반입 할 수 없다. 무기를 들어 왔다 하면, 이스라엘 군이 들어와서 수색한다. 아랍 인의 거주 지역을 벗어날 때는 이스라엘 경찰의 검문검색을 받아야 한다. 수시로 무장군인들이 치안을 목적으로 들어간다. UN은 이스라엘의 점령이 국제법위반이라고 결의하였다. 이스라엘은 미국의 절대적인 지지를 받고 있다.

## 12.4 골란 고원

골란 고원(Golan Heights)은 시리아의 남서부, 이스라엘 북동부, 레바논 남부에 있는 시리아의 영토이다. 면적은 1,800㎢ 꼭 제주도(1,809㎢) 크기 만 하다. 평균고도 1,000m의 고원지대이고 고원의 북쪽 끝에는 헤르몬 산(Hermon, 2,814m)이 있고, 백두산(2,774m) 높이이다. 500만 년 전에 화산활동으로 만들어진 산이고, 주변은 현무암지대이다. 산이 높아 여름에도 비가 많고, 겨울에는 눈이 덮여 있다. 건조 지역에 물이 흐른다. 젖과 꿀이 흐르는 강이라고 성경에서 말하는 요단강이 헤르몬 산에서 발원하여 갈릴리 호수를 만들고, 사해로 흘러 들어간다. 화산지형으로 토양이 비옥하고 고원지대이므로 기온이 적당하여 사과, 올리브, 포도 등 과일재배에 좋은 땅으로 알려져 있다. 요르단 강은 지류가 없이 건조 지방을 직선으로 남북으로 흐르는 강이다. 강의 지배권을 누가 갖느냐에 따라서 유역 농민의 생존권이 달려 있다. 요르단 강물은 이스라엘 생활 용수의 50%를 담당한다. 이스라엘이 매우 탐을 내는 강이다.

골란 고원의 소유권 문제는 복잡하다. UN은 의심 없이 '골란 고원은 시리아의 영토'라고 말하고 안보리 결의 442호에서 선언하고 있다. '이스라엘은 국제법을 위반하여 점령하고 있다'고 비난하고 있다. 사정을 들어보면 그리 간단치가 않다. 골란 고원은 1967년까지 시리아 영토였다. UN이 이스라엘의 독립을 인정했음에도, 이스라엘의 이웃 아랍 국가들, 시리아, 레바논, 이집트, 이라크, 이란, 사우디 등은 이스라엘의 건국 자체를 인정하지 않았다. 1967년 이집트(인구, 9천만)와 시리아(인구, 1천7백만)와 요르단(인구 9백만)은 이스라엘을 공격했고, 그 전쟁에서 연합군은 대패했다. 전쟁에 이긴 이스라엘은 이집트의 시나이 반도와 가자 지구를 점령했고, 시리아의 골란 고원을 점령했고, 요르단의 웨스트뱅크와 동 예루살렘을 점령했다.

골란 고원과 웨스트 뱅크, 동 예루살렘 점령에 대해 국제사회가 이스라엘의 부당성을 지적했다. 1967년 전쟁이후 지금까지 전리품으로 점령하고 있다. 이스라엘의 라빈 수상, 바락 수상, 오르메르트 수상은 시리아가 평화협정을 체결해 주면 골란 고원을 되돌려주겠다고 했다. 그러던 와중에 1967년 전쟁직후 9월에 아프리카 수단의 수도 카르툼에서 아랍정상 회담(이집트, 시리아, 요르단, 레바논, 이라크, 알제리, 쿠웨이트, 수단)이 열렸다. 이스라엘에 대한 '3불' 선언을 했다. 이스라엘 국가를 인정하지 않는다. 이스라엘과는 어떤 협상도 없다. 이스라엘과는 평화는 없다. 그 외 아랍 국가들도 이스라엘을 인정하지 않았다. 갈등이 증폭되었다.

시리아는 1973년 이스라엘의 최대 휴일, 속죄일(Yom Kippur)에, 시리아와 연합군 45만 병력과 1200대의 탱크를 동원하여 골란 고원을 불시에 쳐 들어왔다. 이스라엘 속죄일인 1월 10일부터 일주일 간은 유대인이 가장 소중하게 여기는 절기이다. 일주일 간 절식하고 외출도 않고, 관공서도 휴무를 하고 지난해의 1년간을 반성하고 회개하는 기간이다. 이스라엘에서 가장 무기력한 날 쳐들어왔다. 이 전쟁 역시 아랍 연합군은 참패를 당하고, 유엔의 중재로 휴전이 체결되었다. 전쟁에 승리한 이스라엘은 골란 고원에 대한 소유권을 더 공고히 하는 계기가 되었다. 안보리 결의 497호는 골란 고원에 대한 이스라엘의 조치는 부당하고 무효라고 했다. 이스라엘 외무상은 2010년 골란 고원을 돌려줄 생각을 하지 않고, '시리아는 골란 고원을 도로 찾으려는 꿈을 버려야한다' 고 까지 했다. 최근에는 유대인 이주를 장려하고, 골란 고원을 이스라엘이 관할하는 합병법을 제정하였다. 벌써 골란 고원을 이스라엘이 지배한지 반세기가 넘었다. 골란 고원 1,800㎢ 중 1,500㎢가 이스라엘이 점령하고 있다. 여기 사는 시리아 주민에게 이스라엘 시민권을 주고 있다. 벌써 10%의 주민이 이스라엘 시민권을 부여받았다.

골란 고원에는 이슬람의 한 종파인 두르즈(Druze) 족이 주로 살고 있다. 이스라엘은 골란 고원으로 이주정책을 하여 골란 고원으로 이주하는 농업이민에 한하여 토지사용권과 영농자금 전액을 지원하고 있다. 이스라엘은 돌려줄 생각이 없다. 시리아는 골란 고원을 돌려주지 않는 한 중동에는 평화는 없다고 강경한 태도를 취하고 있다. 시리아는 내전으로 영토를 관리할 여력이 없다. 국제사회는 동물의 왕국과 같다. 힘이 정의다. 오스만 제국 시절에는 다민족, 다언어, 다종교를 포용하고 전쟁 없이 살았다. 그런 의미에서 이스라엘과 아랍 민족 간의 갈등도 해결 불가능한 일은 아니다.

## 12.5 예루살렘

지구상에 뉴스를 듣는 사람이면 예루살렘을 모르는 사람은 없지 싶다. 세계적인 문제도시이다. 5천 년 전부터 인류가 살았다. 세계에서 가장 오래된 도시 중의 하나이다. 중동에서 패권국이 나타나면 언제나 예루살렘을 쳐들어갔다. 역사 기록에 의하면 2번은 완전히 파괴되었고, 23번 포위되었고, 52번 공격을 받았고, 뺏고 빼앗기를 44번 한 곳이다. 지금도 그 연장선상에 있다. 서양사는 예루살렘을 중심으로 돌아갔다 해도 과언이 아니다. 지구상에 예루살렘 같은 도시는 없다.

예루살렘은 요르단 강의 서안(West bank)에 있다. 해발 754m 고원지대의 와디(wadi)에 있고, 지중해식 기후지역이다. 연간 554mm의 강우량이 있다. 비는 주로 겨울에 내리고, 6월, 7월, 8월에는 비가 없다. 관개에 의한 농작물을 재배한다. 현재 89만 명이 살고 있고, 광역시를 합하면 100만 정도 살고 있다. 예루살렘은 구시가지와 동 예루살렘으로 구별된다. 예루살렘의 인구구성은 역사적으로 누가 지배를 하느냐에 따라서 달랐다. 이슬람이 지배하면 아랍 인, 기독교가 지배하면 기독교인, 이스라엘이 지배하면 유대인으로 바뀌어졌다. 중세시대는 유대인 구역, 아랍 인 구역, 기독교인 구역, 아르메니아인 구역으로 나누어져 있었다. 그러나 지금은 이스라엘이 지배를 하고 있지만, UN 관할구역은 중립지대이고, 크게 유대인구역과 팔레스타인(아랍 인) 구역으로 나누어져 있다. 유대인 64%, 모슬렘인 32%, 기독교인 2%이다. 유대인이 다수이다. 유대인은 잘 살고, 아랍 인들은 가난하다. 유대인 인구는 예루살렘에서 줄어 들고 있다. 유대인은 분쟁이 없는 해안지역으로 이주를 하고 있다. 분쟁지역이고, 좋은 직업이 없다는 이유이다. 한편 팔레스타인들은 증가하고 있다. 자존심이 상하는 일이지만 살기 위하여 취업기회, 교육기회, 복지기회가 있는 곳으로 이주를 한다. 유대인 구역에 들어오려면 공항을 출입하듯 철저한 몸수색을 받아야한다.

역사적으로는 매우 복잡하다. 최초의 왕국은 청동기 시대에 이집트 왕국, 기원전 1천년 경 유대인 왕국(Kingdom of Israel)이 건설되고, 사울, 다윗, 솔로몬 왕이 등장하는데 구약 성경에 나온다. 구약성경은 이스라엘 고대사이다. 예루살렘에는 다윗왕국이 성채를 만들었고, 로마의 공격을 받아 이스라엘 왕국은 사라졌다. 유적이 있다. 그 후 로마의 지배, 비잔티움의 지배, 이슬람의 지배, 십자군의 원정, 아이유브 왕국, 말무크 왕국, 오스만 제국의 지배는 모두 이슬람 교가 지배를 했다. 20세기에 들어와서 오스만 제국이 망하고 영국이 30년간 지배를 했다. 1967년 전쟁에 승리한 이스라엘은 예루살렘을 지금까지 지배하고 있다. 분쟁의 근원은 한 말로, '아랍 인들은 이제까지 우리가 살던 곳에 갑자기 너희들이 들어와서 주인 노릇하고,... 이고, 유대인들은 피지배민족으로 살았고, 성경 속에 우리 땅이고, 우리는 실지를 회복하는 것'이라고 주장한다. 그러나 무엇보다도 이스라엘이 큰 소리 치는 것은 미국의 절대적인 지지가 있고, 전쟁에 이겼기 때문이다. 이스라엘의 부당성을 알고 있지만, 국제관계는 힘이 정의다.

예루살렘은 유대인의 조상 다윗왕의 성터이고, 아브라함이 신을 위하여 아들 이삭을 바치려고 했던 신성한 곳이고, 이슬람은 마호메트가 승천했다는 곳이고 오마르 모스크가 있고, 기독교에서는 예수가 십자가에 못 박혀 죽고, 부활 했다는 곳이다. 3대 종교의 성지이다. UN이 1948년 팔레스타인 지역에 팔레스타인 국과 이스라엘 국을 분할독립을 상정할 때, 예루살렘만은 어느 쪽도 아닌, UN이 직접 관할하는 분리구역(Corpus Separatum)으로 지정하였다.

전쟁에 승리한 이스라엘은 서안을 빼앗고, 구 도시와 함께 동 예루살렘도 합병했다. 더 나가서 '동서 예루살렘은 나눌 수 없는 하나의 예루살렘이고, 이스라엘의 수도이다'라는 예루살렘 법을 제정하였다. UN은 안보리 결의를 통해 이스라엘의 법은 "무효이고 효력 없다(null and void)"고 했다. 이스라엘 행정부는 이스라엘 법에 따라 예루살렘으로 들어왔고, 외국기관과 대사관들은 UN이 인정하지 않는 도시에 머물 수가 없어 텔아비브로 이사 갔다. 미국 내의 금융과 언론을 유대 계가 잡고 있다. 트럼프는 선거가 가까워 오자, 유대인의 영향력을 염두에 두고 중립지대인 이스라엘 편을 들어 예루살렘을 이스라엘 수도라고 하여 다시 불을 질렀다. .

## 12.6 텔 아비브

예루살렘은 종교와 정치 도시이다. 이스라엘에서 두 번째로 큰 도시가 텔아비브(Tel Aviv)이다. 도시인구는 42만이지만, 광역 텔아비브 인구는 360만 명으로 이스라엘 전체인구의 거의 40%를 차지한다. 예루살렘과 60km 떨어진 서쪽 지중해 연안에 있다. 이스라엘의 관문이고, 이스라엘의 정치, 경제, 문화의 중심이다. 제일 큰 도시이다. 세계 25번째 큰 주식시장이 있고, 1930년대 유대인 초기 이민이 살던 하얀색 주택은 경관이 특별하여 UNESCO 세계문화 유산으로 지정되어있다. 역동적인 도시이다. 세계의 창업 도시 순위를 보면 미국의 실리콘밸리 다음이 텔아비브이다. 매년 하이테크 산업이 700개가 창업에 성공한다. 이스라엘의 저력이다. 텔아비브의 해안에는 자유의 분위기와 특유한 문화 때문에 년 간 1600만 명의 관광객이 찾는다. 여행 매거진에서는 '잠자지 않는 도시(The city that never sleeps)', '파티의 수도(Party capital)'이라는 별명을 붙이고 있다. 2011년에는 가장 열광하는 도시 3위로 평가했다. 1위 뉴욕, 2위 모로코의 탕헤르(Tangier)였다. 어떤 기준으로 지정했는지는 모른다. 십자군원정 때 예루살렘을 점령하기 위하여서는 야포(Jafo)로 들어왔다. 텔아비브의 옛 이름이 야포이다. 십자군원정 때 수없이 나오는 이름이다. 야르콘(Yarkon) 강 하구에 있다. 연간 500mm의 강우량, 건조지역으로 강우량이 많은 편이다.

이스라엘의 지배로 거주지를 잃고 차별대우를 받고 있는 팔레스타인이 이스라엘에 대하여 잦은 테러, 자살폭탄을 감행하였다. 주로 텔아비브에서 일어났다. 1994년 10월 시내 버스에 하마스 자살폭탄으로 22명 사망, 50명 부상: 1996년 3월 디젠고프 쇼핑 센터에 하마스 자살폭탄으로 13명사망: 1997년 3월 아프로포 카페에 하마스 자살폭탄으로 3명의 부녀자 사망: 2001년 6월 돌핀아리움 디스코텍에 자살폭탄으로 10대 학생 21명 사망하고, 132명 부상: 2002년 9월 알렌비 거리의 버스를 공격하여 6명이 죽고, 70명이 부상: 2003년 버스종점 팔레스타인 자살폭탄으로 23명의 민간인 살해,

100명 부상: 2005년 2월 스테이지 클럽 폭파사건 지하드 공격으로 5명이 죽고, 50명 부상: 2006년 4월 구 버스주차장 자살폭탄으로 11명 사망, 70명 부상: 2011년8월 택시를 납치하여 2천명이 가득 찬 나이트클럽으로 진입, 칼부림 8명부상: 2012년11월 방위훈련 중에 로케트포 공격 28명이 부상을 당했다. 자살폭탄을 감행한 단체는 스스로 자기 소행이라고 밝힌다. 팔레스타인 지하드, 하마스 등 테러단체이다. 인터넷을 검색해보면 매일같이 유대인과 아랍 인 간에는 폭력이 일어나고, 이스라엘군이 치안을 담당한다. 평화운동을 하고 있는데도 폭력이 만성화 되어 있고, 테러를 각오하고 살아가고 있다. 힘이 약하고 억울하니 테러를 한다. 생존의 수단이고 협상의 수단이다.

텔아비브는 자유의 도시이다. 이스라엘 건국 초기에는 소수의 팔레스타인과 유럽에서 이민을 온 유대인으로 구성되어 있었다. 대도시가 된 것은 20세기 초반 유럽에 살던 유대인 중산층이 대거 텔아비브로 들어왔다. 원래는 팔레스타인인이 6만7천명이 살았으나 1937년부터 2년 사이에 유대인의 이민이 16만 명으로 늘어났다. 예루살렘은 전통적 종교적인 유대인의 곳이라면, 텔아비브는 세속적인 도시이다. 문화적 행사가 없을 때는 그냥 서방의 도시를 보는 것과 같다. 예루살렘의 종교적 규범을 싫어하는 젊은 세대들이 살고싶어 한다.

성소수자(LGBT) 동성연애자의 성지로 불리고 있다. 텔아비브는 세계3대 게이(gay)의 천국이다. 미국의 샌프란시스코, 오스트레일리아의 시드니와 이스라엘의 텔아비브는 매년 게이 축제가 있고, 10만 명이 참가한다. 게이 영화 축제도 같이 열린다. 놀라운 일이다. 유대 교의 율법이 그렇게도 강한 나라에서 동성연애자의 천국이라고 하니. 동성연애를 왜 하는지 많은 연구에도 불구하고 아직도 정확하게 밝혀지지 않았다. 유전적인 원인, 환경적 원인, 진화론적 원인 등으로 찾고 있다. 동성연애는 인간에게만 있는 것이 아니고, 1600종의 동물에게도 관찰되었다. 동성연애자는 도덕적으로 타락한 인간으로 간주하여 오랜 역사를 통하여 차별화되고 박해를 받았다. 그러나 동성애는 인류의 탄생과 함께 존재했다. 정신병자도 아니다. 알프레드 킨제이 보고에 의하면 인간의 1/3이 동성애를 경험하고, 동성을 배우자로 선정하는 경우는 남성은 3-4%, 여성은 1%정도 된다고 추정한다. 21세기에 들어와서 인권차원에서 동성연애를 허용하고 인권을 보호하는 차원에 법률을 제정하고 있다. 영화 '거품(The Bubble)'은 유대인과 팔레스타인 사이 동성연애를 그린 영화이다. 성소수자를 차별하지 않는 도시가 진정 자유로운 도시이다.

# 13장 이스라엘(2)

## 13.1 유대인은 어떤 민족인가?

이스라엘 하면 떠오르는 이미지가 있다. 유대인이고, 영토가 없이 1천800년 동안 유랑생활을 하면서 민족의 정체성을 지켰다. 연해주에 살던 조선족을 1937년 스탈린은 강제로 중앙 아시아로 이주시켰다. 우즈베키스탄, 카자흐스탄, 키르기스스탄으로 이주한 조선족은 70년도 되기 전에 조선인의 정체성인 언어는 물론이고 문화를 거의 접은 채 현지 문화에 적응했다. 중앙 아시아에서 우리말을 제대로 하는 카레이스키를 만나지 못했다. 삼대에 걸쳐 조선족 끼리 결혼한 순수한 조선인도 그랬다. 세월이 1천년을 흘렀더라면,

생물적 유전자를 제외하고는 조선 문화의 흔적을 카레이스키(고려인)에게는 찾아보기 힘들었을 것이라고 생각했다. 유대인은 달랐다. 이슬람 지배하에 있던 유대인을 세파르딤(Sefardim), 기독교 하에 있던 유대인을 아슈케나짐(Ashkenazim)이라고 한다. 배타적인 종교와 행위 때문에 유대인은 세계 어느 곳에서도 환영받지 못하고 동화되지 못했다. 스페인에서도, 러시아에서도 2차대전 중 나치는 600만 명의 유대인을 학살했다. 왜 그들은 세계 어디를 살던 박해를 받고 살아야 했을까?

이스라엘에 모두 유대인만 사는 것은 아니다. 유대인이 75%이고, 아랍 인이 21%살고 있다. 유대인은 유대 교를 믿고, 히브리 어로 성경을 공부했다. 고유한 종교문화 때문에 박해를 받아온 유대인은 중세 때부터 농업 대신 상업을 했고, 고리대금업(금융업)을 했다. 주류사회에 기생하는 민족이라 여겼다. 유대인들만이 사는 특수지역 게토(ghetto)를 만들어 살게 했다. 유대인이 차별을 받지 않고 들어와서 사는 곳은 미국과 캐나다뿐이다. 서부유럽에 살아도 러시아에 살아도 에티오피아에 살아도 어느 곳에 살던 유대인은 유대인의 배타적인 문화 때문에 차별을 받아왔다. 유전자 때문이 아니라 종교와 언어등 유대인 문화 때문이다.

팔레스타인은 지금의 이스라엘과 요르단 강 서안(West

Bank), 동 예루살렘(East Jerusalem), 가자 지구(Gaza Strip)를 포함한 지역이다. 1800년 전에 유대국은 로마에 의하여 멸망하였고 유대인은 흩어졌다. 그 탈출을 디아스포라(Diaspora)라고 한다. 그 후 팔레스타인 지역은 이슬람 왕국이 차례로 지배를 했다. 소수의 유대인이 그 속에 살았다. 1차 세계대전이 끝이 나고 영국과 프랑스가 지배를 했고, 2차 대전을 끝으로 팔레스타인을 지배하고 있던 오스만 제국이 물러났고, 그 지역에 살던 민족을 중심으로 시리아, 레바논, 요르단, 이라크가 독립했다. 나치가 유대인을 대량 학살하는 홀로코스트가 발생했다. 유럽의 유대인이 대량으로 이 지역으로 이주해 왔다. 영국은 2차대전에 영국에 자금을 지원해 준 유대인에게 독립을 약속했다. 팔레스타인 땅에 이스라엘과 팔레스타인 국가의 분리 독립을 유엔은 승인하였다. 유대인은 환영했고, UN의 조치를 주변의 아랍 국가들은 인정하지 않았다. 유대인과 아랍국가들 간에 갈등이 시작되었다. 미국과 영국의 지원을 받고 있는 이스라엘은 수차례에 걸친 전쟁에서 모두 승리했다. 전쟁에 이긴 이스라엘은 시리아의 영토 골란 고원(Golan Heights), 요르단의 땅 서안(West Bank)을 점령하고, 가자 지구(Gaza Strip)를 아직도 지배했다. 이스라엘은 싸움닭이 되었다.

유대인은 전 세계에 1천600만명이 분포하고 있다. 이스라엘 인구는 835만 명중 유대인이 625만 명으로 75%를 차지한다. 해외에 810만명이 있고, 그 중 미국에 570만 명이 살고 있다. 이제까지 노벨상 수상자의 22%가 유대인이다. 2013년 노벨상 수상자 12명 중 6명이 유대인이다. 2012년 타임지에서 20세기를 연 세 사람을 마르크스, 아인슈타인, 프로이드 라고 했다. 모두가 유대인이다. 미국에 유대인이 570만 명, 미국 인구의 1.7%에 불과하다. 그럼에도 하바드대학 입학생의 30%가 유대인이다. 아시아계 학생이 대학당국에 항의 서한을 보냈다. '하바드대학은 왜 유대인에게 입학 특혜를 주는가?' 대학당국의 답은 '어느 한 민족에 30%이상은 입학을 제한한다. 만약 상한제를 풀면 유대인 입학생이 50%를 넘을 것입니다' 했다. 항의한 학생은 'I am sorry' 했다. 유대인은 우수한 민족일까? 이차대전 이후 인류학이 사회과학에 끼친 가장 큰 공헌은 '개인의 차이는 있어도 민족 간의 우수민족 열등민족은 없다' 는 것이 정설이다. 즉 민족 간의 IQ차이는 없다는 말이다. 그 잠재력은 무엇일까? 이스라엘의 면적은 2만 ㎢ 조금 넘는 땅, 경상북도 만하다. 중동에서 이스라엘과 전쟁을 하지 아니한 나라는 없다. 최강의 군대를 보유하고 있다. 그러나 가장 민주주의를 구가하는 나라이고, 1인당 국민소득이 3만5천불, 중동에서는 가장 잘사는 나라이다.

'6일전쟁' 이후에 이스라엘이 지배하고 있던 땅

13장 이스라엘(2) 193

## 13.2 게토(Ghetto)

유대 교는 기독교, 이슬람 교와 같은 뿌리의 종교이지만 가장 오래된 종교이다. 그러나 유대 교의 교세는 기독교(19억명) 이슬람(11억)비하여 1천5백만에 불과하다. 유대 교의 교세는 매우 약하다. 박해를 받는 이유이다. 미국에 유대인이 600만 정도 살고 있다. 이스라엘에도 유대인이 800만 아랍 인 220만이다. 유대인은 민족은 있지만 국가가 없이 1800년 동안 유럽과 중동에서 유랑의 생활을 하다가 영국, 미국, 프랑스의 도움으로 1948년 팔레스타인에 건국했다. 유럽 기독교 사회 속에서 유대인은 왕따를 당하면서 살아왔다. 유대인이라는 이유만으로 차별을 받아야 했고, 유대인이라는 이유만으로 학살도 당했다. 왜 그들은 주류사회에 흡수되지 못하고 별나게 살아야 했을까?

유대인이 타 민족과 융합되지 않고, 공동체를 형성하여 모여 사는 특색이 있다. 유대인이라고 유전자가 그런건 아니다. 기독교, 이슬람 교 사이에 살아가야 했으므로 차별받고, 차별 받아 고유한 유대인 생활방식이 생긴 것이다. 유대인이 특별하게 보이는 것은 유대인의 근본은 유목민족이므로 남성사회이다. 그러나 자녀교육은 전적으로 어머니의 몫이다. 유대인의 어머니는 남자아기가 태어 난지 8일째 할레

(포경수술)를 한다. 3살이 되면 어느 나라에 거주하던지 간에 히브리 어와 토라(Torah)를 가르친다. 토라는 탈무드(Talmud)와 미드라쉬(Midrash)이다. 유대인으로 살아가는 성경과 지혜를 가르친다. 어머니의 몫이다. 결국 유대인의 공동체를 형성하게 된 것은 자녀의 교육, 즉 토라의 교육을 위한 것이다. 랍비(유대 교의 목사)의 지도를 받아가면서 히브리 어와 성경을 가르치기 위하여 공동체 생활을 하는 것이다. 토요일에 예배가 시작된다. 모두가 교육이다. 그 교육 방법은 하브루타(Havruta)식이다. 고유한 문화생활 때문에 주류사회에서 따돌림을 당했고, 유대인은 기독교 사회의 기생충 같은 존재라고 차별 당하며, 거주 지역을 특정지역으로 제한했다. 거주지역이 제한되니 더욱 자기의 것을 지키려하고 고유문화를 지키려하니 더욱 박해를 받고 차별을 당하는 결과를 가져왔다.

유럽의 도시에 유대인이 사는 특별지구를 게토(Ghetto)라고 했다. 지금은 게토가 해체되었거나 다른 소수민족 거주지역으로 전환되었다. 20세기 초까지만 하더라도 유럽에는 유대인 게토가 없는 도시가 없었다. 게토는 이탈리아 말로 '쓰레기 하치장' 이란 말이다. 베네치아에 처음으로 게토가 생겼다. 베네치아 쓰레기 하치장을 유대인의 거주지로 지정했다. 팔레스타인에 쫓겨난 유대인은 전 유럽에 흩어져 살았다. 국가는 없었지만, 유대 교를 믿는 유대인의 공동체는 도시마다 있었다. 게토는 '빈민가'를 대변하는 대명사가 되기도 했다. 유대인들에게는 부동산을 소유하지 못하게 하고, 학교를 다니지 못하게 하고, 농사를 짓지 못하게 했다. 전당포나 돈놀이를 하거나, 채소가게와 생선가게를 했다. 그들은 살아가기 위하여 특별한 교육제도를 만들어야 했다. 살아남기 위한 유대인의 교육이 유명해 진 것이다.

이스라엘은 아무리 오래 살아도 이주민에게 시민권을 주지 않는다. 그러나 유대인에 한하여 입국과 동시에 시민권을 주는 나라이다. 누가 유대인인가? 어머니가 유대인이면 유대인이다. 아버지가 유대인이라도 어머니가 유대인이 아니면 아이는 유대인이 아니다. 어머니가 유대인 인지를 어떻게 식별하느냐. 유대인이 사는 곳에는 유대인 공동체가 있고, 공동체에는 랍비(Rabbi)가 있다. 랍비에게 세례를 받은 여자는 유대인이 된다. 영국 런던의 게토는 백인이 12%도 안 되는 빈민가이다. 뉴욕의 게토는 처음에는 유대인 특별구역이었지만, 지금은 흑인구역이 되었다. 유럽 게토는 2차 대전 동안 나치의 홀로코스트 이후에 사라졌다. 중국 상하이에도 있었다. 1920년 러시아 혁명을 피해 유대인은 상하이로 왔고, 상하이의 홍구(虹口)지역이 게토이다. 약 2만 명 정도가 살았다. 러시아인이라고 했지만, 러시아에 살던 유대인들이었다.

　유대인의 교육은 어머니가 한다. 유대인의 혈통은 모계를 따라간다. 어머니는 확실히 자기 어머니이다. 유대인 자녀는 어머니가 무릎에서 교육한다. 잠들기 전에 교육한다. 식탁교육을 담당한다. 어머니가 질문을 던진다. 질문과 답변이다. 질문을 하지만 즉시 답을 가르쳐 주지 않는다. 항상 생각하도록 한다. 한국은 교육열은 대단하고 학교에서도 강도 높은 교육을 실시하고 있지만, 정답이 있는 질문을 많이 한다. 가성비는 좋지 않는 듯하다.

### 13.3 유대인 교육

　1970년대 한국은 가난한 나라이고 미국은 잘사는 부자나라였다. 이민 간 1세는 자녀교육을 하면서 우리말 교육을 등한시했다. 아예 우리말을 가르치지 않는 가정이 대부분이었다. 우리말을 빨리 잊어버릴수록, 선진 미국사회에 더 빨리 적응 할 것이라고 했다. 한국이 잘 살게 되면서 그 생각이 많이 바뀌어졌다. 아이들에게 우리말을 가르치는 가정이 늘어났다.

　유대인들이 팔레스타인을 떠나 조국이 없는 유랑의 생활

을 한지 1,800년이 되었다. 히브리 어와 유대 교를 오롯이 간직하고 있다. 그 배타성 때문에 박해를 받기도 했다. 고유한 문화를 어떻게 간직하게 되었을까? 유대인의 아이텐티티는 DNA를 조사하여 유대인을 가려내지는 않는다. 종교와 언어로 유대인이라고 한다. 유대인은 유대 교를 믿고 히브리 어를 쓰는 사람들이다. 유대인은 특별한가? 특별하다. 세계 인구의 0.28%밖에 안 되는 유대인이 세계지성을 대표하는 노벨상 수상자의 22%를 차지하고, 미국인구의 1.7%밖에 안 되는 유대인이 아비리그 대학 입학생 30%를 차지한다. 교육 열이 높다는 아시아의 일본, 한국, 대만이 각각 4%내외 합격율이다. 유대인은 어떤 민족이기에 세계 지성을 대표하는 노벨상의 22%를 차지하고 (2013년은 12명의 노벨상 수상자 중 6명으로 50%), 미국의 명문대학 입학의 30%를 차지하는 것일까?

  2차대전은 민족전쟁이었다. 우수민족이 열등민족을 지배하는 약육강식의 식민지쟁탈 전쟁이었다. 나치는 생활공간 (Lebensraum)에서 게르만 족과 같은 우수민족은 슬라브 족이나 아시아 인종이나 아프리카 인종을 침탈하는 것은 자연스러운 현상이라고 했다. 자연법칙은 죄가 되지 않는다. 호랑이가 토끼를 잡아먹는 것은 자연법칙이고, 순리이다. 누구도 간섭해서는 안 된다. 마찬가지로 문명국가인 게르만

족이 미개한 아시아 인종을 침략하고 지배하는, 약육강식은 자연현상이다. 600만의 유대인을 학살한 홀로코스트도 같은 차원의 논리이다.

2차 대전의 살육전쟁은 끝이 났고, 사회과학의 연구 성과는 지구상에 존재하는 '모든 민족문화는 차이는 있어도 우열은 없다', '개인의 IQ의 차이는 있어도 민족 집단 간의 차이는 없다' 즉 한국인과 중국인, 일본인, 이스라엘 인, 말레시아 인, 케냐 인 간의 집단 지능지수의 평균의 차이는 없다는 말이다. 뿐만 아니라, 역사시대 이후의 약 5천 년간 인간 지능의 진화는 문명의 차이를 만들 만큼 크지 않았다. 그동안의 인류의 진화는 무시 할만하다. 현재 역사학과 사회과학은 세계 문명의 차이는 환경에 적응한 결과의 차이로 본다. 유전자의 차이가 있는 것이 아니라는 것이 정설이다.

그러면 이스라엘 민족의 IQ가 다른 민족과 차이가 없다면, 어떻게 노벨상수상자, 명문대학 입학에서 유대인만의 잔치가 되는 것일까? 지능에 차이가 없다면 유대인 식의 교육의 차이에 있는 것이 아닐까? 한국 초중고 학생은 세계에서 가장 오래 동안 공부하는 학생들이고, 한국인은 유대인에 비해 인구가 5배가 넘는데 평화상을 제외하고, 아직 과학상(물리학상, 화학상, 의학상)과 문학상 경제학상에 한 사람도 노벨상 수상자가 없다. 교육에 차이가 있는 것은 아닐까?

유대인은 5살 때부터 성경을 가르치는데 방법이 '하브루타 Havruta'이다. 부모가 아이에게 성경을 가르치는 방법이 독특하다. 부모는 가르치고 난후에 반드시 '네 생각은?' 하고 질문을 한다. 또 하나의 특징은 히브리 성경을 공부하면서 소리 내어 읽는다. 혼자 공부하는 것이 아니라 짝을 이루어 공부한다. 뉴욕에 있는 전통 유대인 대학으로 유명한 예시바Yeshiva대학 도서관에서 공부하는 학생들을 찍은 동영상을 보았다. 조용해야 할 도서관이 거의 난장판이다. 두 사람씩 짝을 지어 성경을 공부하는데 큰 소리를 내어가며 토론을 한다. 그 이상 시끄러울 수가 없을 만큼. 한국의 조용한 도서관은 아니다. 토론장이다.

2010년 서울에서 열린 G20정상회의 때 오바마 대통령의 기자회견 장이었다. 해외기자 50여명의 기자들이 있었고, 20여명의 한국 기자도 참석했다. 오바마 대통령이 기자회견이 끝날 무렵 한국기자에게 한하여 질문 권을 주었다. 두 번이나 질문했다. 한국기자는 아무런 질문을 하지 않았다. 어색한 분위기가 한참동안 흘렀다. 끝내 한국기자는 아무도 질문을 하지 않았다. 기자회견장에 가면 의례히 질문을 하는 것이 상식이다. 질문을 서로 하려고 경쟁한다. 답답하게 생각했던 중국 기자가 일어나서 질문을 하는 것을 보았다. 왜 우리 문화는 질문을 하지 않는 것일까? 의문을 갖지 아니하면 학문은 발전하지 못한다. 왜, 한국인은 질문이 없는 것일까?

### 13.4 대학생 창업

국립 히브리 대학생, 1만8천명에게 설문을 했다. 학비와 생활비를 온전하게 부모님으로부터 지원을 받는 학생의 비율은 5%에 불과했다. 나머지 95%의 학생은 모두 자신이 일을 하여 학비와 생활비 전부 또는 일부를 벌어서 쓰고 있다고 응답했다. 한국 대학생에 물어보면 답은 정반대의 대답이 나올 것 같다. 이스라엘 대학의 학제가 대학생이 자립하도록 맞추어져있다. 대학 수업은 오전 8:00부터 오후 11:00까지이다. 저학년 수업은 대개 오전에 있고 학생들은 오후에는 일을 한다. 상급생은 대개 오전에 일을 하고 오후에 강의를 듣는다. 대학원생은 종일 일을 하고, 저녁수업을 듣도록 시간표가 짜여있다.

모든 학생들이 수업이 없는 시간에는 직장에 나가서 일을 하기 때문에, 직장에서 일을 하지 않는 유대인 학생은 왕따를 당한다. 재벌의 아들이라 하더라도 일을 한다. 부잣집 자녀라도 일을 한다. 학비와 생활비를 전부 벌어서 대야 하는 일반 학생과는 달리, 일하는 시간이 적다하더라도 반드시 일을 해야 하는 것이 대학생 문화이다. 대학생을 파트타임으로 고용하는 기업에게도 이익은 있다. 전문가 못지않게 실력이 있지만, 아직 대학생이고 파트타임이므로 높은 임금을 지불하지 않아도 된다. 졸업후 취업을 할 때는 군대에서는 무엇을 했고, 파트타임으로 무엇을 했고, 대학에서 무엇을 전공했느냐가 이력에서 중요한 요소이다. 삼위일체이다. 그러니까 일을 하지 아니하고 대학을 졸업하는 경우는 드물다.

이스라엘은 미국 다음으로 세계에서 창업(Startup company)이 가장 많은 국가이다. 미국 나스닥(NASDAQ)에 상장되어 있는 기업 중 가장 많은 기업이 이스라엘 기업이다. 인구 800만에 매년 평균 3천개 창업이 일어난다. 창업한다고 모두 성공하는 것은 아니지만, 문화가 다르다. 대학을 졸업하면 곧 창업을 준비한다. 우리나라에서는 대학을 우수하게 졸업을 해도 쉽게 창업을 하지 못한다. 현장의 경험이 전혀 없기 때문이다. 그러나 이스라엘의 졸업생은 다르다. 고등학교를 졸업하고 곧 긴 군대생활이 시작되는데 특기 있는 군대생활, 대학 4년간의 직업관련 파트타임, 대학 4년간의 전공수업으로 이론과 현장을 거의 모든 학생이 체험하고 있다. 대학4년을 다니면서 직장생활을 해 보았으므로 그 경험을 기초로 하고 있다. 학교에서 이론적으로 배운 것도 중요하지만 현장의 실습이 대단히 중요한 경험이다. 18세가 되면, 즉 고등학교를 졸업하면 남녀를 불문하고 의무적으로 군대에 가야한다. 남자는 3년을 여자는 2년 복무기간이다. 제대한 모든 학생은 경제생활을 독자적으로 영위할 책임과 의무를 갖는다. 부모로부터 완전한 독립이다. 그러므로 군대를 갈 때에 어떤 병과를 받아 가느냐는 대학에 갈 때 어떠한 학과를 가느냐와 연계가 되고, 대학에 다니면서 어떠한 파트타임 직장을 다니느냐와 직결되어있다. 그래서 대학을 졸업한 학생은 취업의 길이 있고 같은 비율로 창업을 한다.

우리나라에서 창업을 외치고 있지만, 청년들이 창업 할 환경이 아니다. 군대생활은 '썩는 생활'이고, 파트타임 잡을 한다 하더라도 전공과 관련 없는 단순 노동이다. 이러한 환경에서 교육받은 대학생이 졸업하자마자 창업은 그 자체가 맨 땅에 헤딩하기 식이다. 무서워서 할 수 없다. 환경이 전혀 다르다. 우리나라가 창업으로 가기 위하여서는 대학의 학제, 군대생활, 파트타임 잡의 성격을 바꾸어야 한다. 우리 대학생들은 자격시험 준비 공무원시험 준비, 재벌회사의 취업을 하기 위하여 스펙을 쌓는다. 좋은 대학 졸업장, 전공과목 성적, 컴퓨터 실력, 외국어 능력시험, 해외연수이다. 이들이 창업과 무슨 관계가 있을까? 생각해 볼 일이다. 이스라엘은 어릴 때부터 독립심을 키운다. 혼자서 문제해결을 하도록 하는 한편, 우리의 학교교육이 정답을 요구하고 성적 순으로 사회에 나가는 것과 다르다. 부모에게도 문제가 있다. 우리나라의 부모는 학교에 다녀오는 아이에게 '오늘 시험에 몇 점을 맞았느냐, 몇 등을 했느냐?'고 묻지만, 이스라엘은 아이에게 "오늘 선생님께 어떤 질문을 했느냐?" 묻는다 한다. 획일적으로 줄을 세워서 성적으로 1등부터 꼴찌를 다루는 한국교육에서 창업을 바라기는 힘들다. '어머니가 배고픈 자에게 고기 한 상자를 사주면, 아이는 일주일동안은 배불리 먹을 수 있고, 고기를 잡는 지혜를 가르쳐주면, 평생을 배부르게 살 수 있다.' '노동은 생활의 꽃이다.' 탈무드에 있는 말이다. 한국은 청년실업이 심각한 상태이다. 대학졸업생 중 40%만이 취업을 한다. 이스라엘 대학교육을 벤치마킹 해야 하지 않을까?

## 13.5 키부츠

인간이 호모사피엔스로 지구상에 출현한 이후 줄곧 인간은 공동체 생활을 했다. 공동으로 생활하는 이유는 생존을 위하여 공동으로 방어를 하고 공동으로 사냥을 해야 했기 때문이다. 인간의 DNA속에는 개인과 공동체 유전자가 남아있다. 인간은 혼자 살 수도 없고, 공동으로 만으로도 살 수 없다. 인간은 집단과 함께 살아가도록 진화했다. 20세기에 들어와서 '공산주의'는 한때 지구상에 국가의 지배 이데올로기가 된 적도 있다. 유대인의 피가 흘렀던 레닌은 공산주의 아이디어를 키부츠에서 얻었다 한다.

이스라엘에는 아직도 사유재산을 인정하지 않고 공동체 생활을 하고 있는 키부츠(Kibbutz)가 있다. 이스라엘 인구의 5%정도이고, 공동체의 크기는 60명에서 3천명까지 다양하다. 전국에 270개의 키부츠가 있고, 40%는 농업생산을 하고 있고, 제조업이 9%를 차지하고 있다. 공동으로 생산하고, 공동으로 판매하고, 공동으로 이익을 분배한다. 사유재산을 인정하지 않는다. 어떻게 하여 이러한 집단생활을 하게 되었을까?

중국은 지금도 공산당이 집권을 하고 있고, 북한은 노동당이 집권을 하고 있다. 무늬만 공산주의이고, 실제는 사유재산제로 변질했다. 중국은 빈부의 격차가 가장 큰 나라 중의 하나이다. 전쟁이나 투쟁은 남의 것을 뺏으려고 하고 더 많이 차지하기 위한 것이 인간의 본성이다. 소유를 공유하면 지구상에는 투쟁이나 전쟁이 일어 날 수가 없다. 20세기 초반에 일어났던 사회주의 국가는 토지의 공유이고 생산과 분배를 공동으로 하는 것이었다. 이데올로기가 강했던 20세기 초기는 이상적인 공산주의 사회가 오는 것 같이 보였다. 1930년대의 소련이 그랬고, 1960년대 중국이 그랬고, 1970년대의 북한이 따라갔다. 시간이 갈수록 공동체 노동에 자발성이 떨어지고, 공동 재산은 더 많이 사유화 하려는 인간의 본성에 밀려 소련과 중국이 차례로 생산체계가 붕괴되었고, 망했다. 북한도 같다. 결국 국가가 사유재산을 인정하지 않는 공동체는 생산이 되지 않고 창의적 노동이 없어 망하고 말았다. 어떻게 키부츠는 아직도 살아남아 있는 것일까?

이스라엘의 국가가 발생할 무렵, 유럽에서는 민족국가가 일어났다. 영토는 없고 민족만 있는 유대인은 유대인의 국가(Zionism) 건설을 꿈꾸었다. 지금의 팔레스타인 땅이다. 그러나 팔레스타인 땅에는 아랍 인과 베두인 족들이 살고 있었다. 유럽에서 박해를 받던 유대인들은 수차례 걸쳐서 파상으로 팔레스타인 땅으로 들어왔다. 그들은 사막으로 들어와 '키부츠'라는 집단농장을 시작했다. 그러나 유럽 유대인은 농사를 짓는 유대인은 없었다. 수시로 강제이주를 당해야 하는 유대인에게는 농업을 하고 안정적인 생활을 할 수 없었다. 살기 위하여 대거 사막으로 들어왔고, 공동생활을 시작했다. 사막에서는 혼자 살 수 없다. 사막을 다니는 베두인족과 아랍 인들의 공격을 막기 위하여 공동 방어를 해야 하고, 공동으로 샘을 파서 물을 얻어야 하고, 공동으로 농토를 일구고, 주택을 짓고, 공동으로 생산을 해야 했다. 공동으로 협력하지 않으면 살아 갈 수가 없었다. 키부츠는 히브리 어로 '함께(together)' 라는 뜻이다. 초기의 키부츠 무장민병대는 이스라엘 건국에 크게 기여하였다.

이스라엘의 농촌에는 여러 개의 영농형태가 있다. 키부츠(집단농장이고 사유재산 불인정), 모샤브(Moshav, 공동으로 영농을 하지만 사유재산 인정), 모샤브 쉬투피(Moshav Shitufi, 키부츠와 모샤브의 중간형태), 모샤바(완전 사유 개인농장)이다. 키부츠는 생산, 유통, 판매, 소유를 공동으로 한다. 개인의 소유를 인정하지 않는다. 키부츠를 떠날 수는 있지만, 개인은 공동의 재산을 가져가지 못한다. '부인과 남편만이 내 것이다. 아이도 내 것이 아니고, 우리 아이이다.' 아이가 태어나도 아이를 부모 곁에 두지 않고, 영아는 하루에 4시간, 유아는 하루에 2시간만 어머니와 같이 있을 수 있다. 아이와 같은 집에서 잠을 자지 않는다. 공동체의 가장 좋은 공간은 교육시설과 복지시설이다. 생활수준은 1980년대만 하더라도 이스라엘 평균보다 높았다. 시회학자나 심리학자는 자발적인 공동체로 남아있는 이스라엘 키부츠에 대한 관심이 대단히 높다. 공동체의식이 강하게 남아있고 나라가 어려울 때는 키부츠는 더 늘어났다. 키부츠 출신의 사회진출이 눈부시다. 고급공무원, 고위직 군인의 숫자가 절대적으로 높다. '키부츠가 천국이다'라고 하는 사람들이 있다. 그러나 소득수준이 높아지고, 기계화·정보화됨에 따라서 키부츠는 변질되어 부분적으로 사유재산을 인정하는 모샤브, 모샤브 쉬투피 같은 협동농장이 나타났다. 430개나 되던 키부츠는 줄어들어 지금은 270개 만 존재하고 있다. 인간은 공동체생활과 개인생활을 함께 해야 행복하게 살 수 있다.

# 14장 사우디아라비아

## 14.1 사우디아라비아 자연

사우디 왕국은 아라비아 반도에 있는 나라이다. 아라비아 반도는 3,237천㎢이고, 7개 나라가 있다. 사우디아라비아, 예멘, 오만, UAE, 카타르, 바레인, 쿠웨이트이다. 지구상에 제일 큰 반도이다. 동쪽에는 페르시아 만, 서쪽에는 홍해, 남쪽에는 아덴 만과 아라비아 만이 있고 북쪽에는 이스라엘, 요르단, 이라크, 쿠웨이트와 국경을 맞대고 있다. 사우디아라비아가 우리에게 깊은 인상을 심어주고 있는 것은 석유자원과 이슬람의 종주국이란 점이다. 석유와 천연가스가 지역의 대명사가 되었다. 사우디(사우디아라비아 약칭) 면적은

2,149천㎢ 아라비아 반도의 80%를 차지한다, 인구는 3천만 명이다. 정식 명칭은 '사우디아라비아 왕국', 사우드(al Saud)왕이 다스리는 아라비아란 뜻이다.

한반도의 10배에 가까운 광대한 영토를 갖고 있는 나라이지만, 전체가 아라비아 사막으로 덮여있다. 아라비아 사막은 홍해 건너 아프리카 사하라사막의 연장선상에 있다. 사하라 사막은 아라비아 사막, 그리고 페르시아 만을 건너 이란에도 사막이 같은 원리로 생성되었다. 사우디에는 큰 면적인데도 불구하고 바다로 흐르는 강이 없다. 한마디로 강은 없고, 많은 와디, 건천이 있다. 서쪽은 좁은 해안평야가 있고 해안절벽이다. 반도 전체의 지형은 서고동저(西高東底) 형이다. 서해안에는 티하마(Tihamah)라 불리는 좁은 해안평야가 있다.

원주민은 베두인(Beduin) 족이다. '사막에 사는 사람'이란 뜻이다. 전통적인 유목민족이다. 단봉 낙타와 양과 염소를 방목한다. 음식은 대부분 유제품이다. 낙타가 교통수단이고 또한 식량이다. 농업은 사막가운데 형성되어 있는 와디와 오아시스에서 일어난다. 베두인 족 안에도 다양한 분파가 있다. 부족 단위는 수십명, 수백명, 수천명에 달하는 경우도 있다. 부족이 되려면 가축을 위한 적어도 하나의 샘과 일정한 면적의 초지를 확보해야 한다.

사막기후의 특징은 낮에는 건조하고 뜨겁고, 밤에는 차다. 주야간 기온 차가 큰 것이 특색이다. 길고 치렁치렁한 옷은 사막기후에 적응하기 좋은 의상이다. 베두인에게는 부족 단위가 대단히 중요한 공동체이다. 우리나라에는 비슷한 개념의 공동체는 없다. 부족은 혈연으로 연결되어 있다. 부족장은 부족을 다스리는 왕이다. 지금도 부족 내에서 결정한 사항을 특별한 경우를 제외하고는 국가권력으로 좀처럼 간섭 하지 않는다. 사실상 자치이다. 부족장은 유목 할 때 물을 얻을 곳을 중심으로 야영한 자리를 결정한다. 부족장은 막강한 힘을 가진다. 영화 '아리비아 로렌스'에서 자기부족의 샘물을 허가 없이 먹었다고 총을 쏴 죽이는 장면이 있다. 과장된 점은 있으나 유목민에게 샘은 생명선이다.

온대지방 여름은 반소매, 반바지를 입지만, 사막기후에는 반바지와 반소매를 입지 못한다. 모슬렘의 복장을 보면 길고 헐렁한 옷을 여러 겹 입는다. 더위를 피하기 위한 의복이다. 긴 옷을 입어야 몸에서 땀으로 빠져나가는 탈수현상을 막을 수 있다. 모슬렘이면 쓰는 머리를 가리는 히잡은 지금은 종교 의식이 되었지만, 원래는 뜨거운 태양으로부터 머리를 보호 할 목적으로 착용한 것이다. 어떠한 종교도 발생지의 기후와 지형에서 벗어나는 경우가 없다. 이슬람은 사막기후 지역인 메카와 메디나에서 나타난 종교이다. 몸에

사우디 아라비아

사우디 아라비아

히잡을 하여 여자나 남자가 몸 전체를 가리는 것은 뜨거운 태양으로부터 몸을 보호하고, 모래바람을 막기 위한 것이다. 돼지고기를 먹지 못하게 한 것은 사막에 돼지가 살지 못하기 때문이다. 사막기후에는 양, 염소, 낙타가 산다. 돼지는 원래 습윤한 열대기후에 서식한다. 아라비아 기후는 정반대이다. 돼지가 없으니까 먹지 말라고 한 것이다. 그리고 돼지고기는 맛은 있지만, 안 먹다가 먹으면 너무 많은 지방 때문에 배탈이 나기 쉽다.

서남 홍해 쪽에는 산지가 있다. 평균 300m의 고도를 유지하지만, 서남쪽 아시르(Asir) 주에는 높은 산, 사와다(Sawda, 3,133m) 산과 아시르(Asir) 산이 있다. 인근에는 알 사우다 마을이 있다. 산정까지 케이블카가 운영되고 있고, 관광지로 개방되어 있다. 아라비아에서 가장 비가 많이 오는 지역이다. 아바(Abah) 마을은 지금은 케이블 카로 이동하지만, 전기가 보급되기 전에는 로프를 이용하여 마을에 들어가고 나올 수가 있었다. 험준한 계곡아래에 마을이 있다. 교통이 이렇게 불편한데도 사람이 사는 것은 기후가 좋고 먹을 것이 있기 때문이다. 'It's salubrious climate is a gift from God.'라는 별명이 붙어 있을 정도이다. 아라비아에서 사람이 사는 곳은 물을 얻을 수 있는 곳이다.

## 14.2 사우디의 물

사우디는 서남부 아시르(Asir)을 제외하고는 전부가 사막이다. 와디 뿐이다. 사막에 물만 공급되면, 어느 곳이던 옥토가 된다. 사우디 왕가는 석유 판돈으로 물만은 국민들에게 무상으로 공급하려 했다. 아라비아의 베두인 족은 물의 공급으로 유목을 포기하고 정착농업을 하게 되었다. 농업은 자급자족이 될 만큼 충분한 농산물을 생산하고 있다. 그리고 상업화하고 기계화하였다. 농촌의 도로를 완성하고, 관개 농업을 하였다.

사우디는 30년간 생산해 오던 밀의 생산을 중단하였다. 매년 300만 톤의 밀을 수입하기로 했다. 밀의 생산을 중단하게 된 것은 물 때문이다. 밀의 재배는 100% 인공관개에 의한 것이다. 종전에는 베두인족의 주식은 대추야자였지만, 빵으로 대체하고 있다. 파리 바케트나 피자도 먹는다. 사우디는 식량, 고기, 밀크, 계란은 완전히 자급하고도 남아 1984년부터 세계시장으로 수출도 하였다.

문제는 지하수이다. 지하수를 퍼올려 농업용수로 쓰고 있다. 사우디의 지하수의 80%가 고갈되었다고 했다. 사우디는 물은 세금징수 없이 공짜로 공급을 하고 있지만, 물을 생산하는 데는 엄청난 예산을 들여서 개발하고 있다. 사우디의 식수 50%가 바닷물을 담수화하여 얻고, 40%는 지하수, 10%가 지표수에서 얻고 있다. 지표수는 서남부 산지에서 얻는다. 물은 페르시아만 안에 있는 담수화공장에서 담수를 생산하여 467㎞ 거리에 있는 수도 리야드까지 공급한다. 물의 공급은 공짜이지만, 한 가정에 2.5톤의 물을 공급한다. 리야드에는 2.5일 만에 한번 공급한다. 제다(Jeddah)시에는 9일 만에 한번 공급한다. 사용자는 공짜이지만, 정부는 엄청난 예산을 들어 수원을 개발하고 있다.

아라비아에서 옛날에도 지금도 물의 공급은 중요한 현안이고, 물의 저장과 관리가 국가적 아젠다가 되고 있다. 도시의 생활용수, 도시 조경용 용수, 그리고 농업용수가 주된 물의 사용처이다. National Water Company(NWC)가 2002년에 창립되었다. 아라비아는 석유로 엄청난 외화가 들어오고 있어 물의 생산은 석유보다 더 비싼 가격으로 생산하여 무료로 전 국민에게 공급하고 있다. 유가의 하락으로 재정의 압박을 받아 물의 사용료를 징수하려고 하고 있다. WHO에 의하면 사우디 도시 인구의 97%가 가공된 식수를 공급받고 있다. 아직도 866천명의 인구가 양질의 물을 공급받지 못하고 있다.

2008년만 하더라도 리디아에는 5일, 제다는 23일 만에 한번씩 상수원의 공급을 받을 수 있었다. 수자원을 보호하기 위하여 폐수를 재처리하는 공장이 33개 시설을 갖추고 748백만 톤의 물을 매년 재처리하고 있다. 15개를 더 추가로 건설 할 계획이고, 폐수 재처리된 물은 도시 정원 용수나 농업용으로 사용하고 있다. 물의 사용량이 2.28$kl$이다. 농업용수 83%, 공업용수 4%, 나머지는 생활용수이다. 리야드에서 사용한 폐수 재처리 된 물은 매년 40km 떨어진 농장으로 보내 60m 고도에 퍼 올려 15,000ha 농지와 과수원, 목초지와 야자를 재배하는데 사용하고 있다.

사우디는 세계에서 가장 많은 담수화 공장을 갖고 있다. 17개 지역에 27개의 공장이 있다. 매일 330 만 톤의 물을 생산한다. 6개는 동부해안에, 21개는 홍해연안에 있다. 우리나라의 두산건설과 대우건설이 사우디에 여러 개의 역삼투압 담수화공장을 건설하였다. 두산중공업의 역삼투압(Reverse Osmosis/RO)기술은 세계적 수준으로 알려져 있다. 메디나의 항구도시 얀부(Yanbu)에 2012년 128천 톤 RO담수화공장을 건설하여 메니나에 공급하고 있다. 라스 알 카힐(Ras al Khair)에 72억불을 들여 RO공장을 건설하였고, 세계 최대규모이다. 매일 100만 톤의 담수를 생산하여 수도 리야드에 공급하고 있다.

1994년까지 국내 물의 사용은 전적으로 공짜였다. 사우디 왕가는 물만은 전국민에게 무료로 공급하려 했다. 그러나 유가의 하락, 물의 사용이 급증하여 2000년에 와서 소규모로 수세를 징수하고, 공급을 줄이고, 보조금지급을 줄이기 시작했다. 그래서 밀 생산을 중지하게 되었다. 1992년 400만 톤 밀 생산은 2000년에는 180만톤, 2016년에는 생산을 중단하는 사태까지 왔다. 물의 공급을 위하여 수도관 4300km를 건설하였고, SWCC(Saline Water Conversion Corporation)은 1일 460만톤 담수 생산시설을 소유하고 있다. 사우디는 재정 압박을 받고 있지만, 사우디 정부는 160억불을 들여 10개를 더 건설하겠다고 했다. 사우디가 물만은 무제한 공급하겠다고 약속했지만, 지나친 물의 소비로 인하여 지하수가 고갈되고, 엄청난 재정 부담이 되어 수세를 실시하려하고 있다.

## 14.3 베두인 족

베두인 족은 유목민이고 주로 북아프리카와 레반트, 아라비아 반도에 널리 분포하는 아랍계 유목민이다. 가축은 양 염소와 낙타이다. 코란에는 베두인은 아랍(A' rab)이다. 문명의 전파로 유목을 접고 농경으로 또는 도시생활로 전향을 했지만, 아직도 베두인의 유목 고유문화와 전통을 갖고 있다. 도시에 사는 베두인도 전통적 삶을 복원하기 위하여 사막에 텐트를 치고 캠핑을 즐긴다. 리비아의 악동 카다피가 미군이 대통령 궁을 공습했을 때 살아남은 건, 그날 그가 사막에서 야영을 했기 때문이다.

사우디의 베두인 족은 물과 초지를 따라 이동하였다. 아라비아 반도의 베두인은 두 그룹으로 나누어진다. 한 그룹은 반도의 서남부 예멘에 사는 카탄(Qahtan)부족이고, 다른 하나는 카이시(Qaysis)인데 반도의 북 중부에 살고 있다. 중부에 살고 있는 베두인이 아라비아반도를 통일 했다. 그들을 이스마엘 후손이라 했다. 아라비아와 인접사막에는 1천 명이상의 부족만도 100여개 있다. 2만 명 단위의 부족도 있고, 10만 명 단위의 부족도 있다. 20세기 중반까지만 해도 사우디 인구의 반이 유목민 베두인이었지만, 정착화 도시화로 인하여 유목민은 소수로 남아 있다. 부족은 씨족으로 구성된다. 샘(well)을 중심으로 생활하는 것이 특징이다. 그들은 염소가죽으로 만든 텐트(bayt al-shar)를 치고 양, 염소, 낙타를 끌고 다니고, 가축에서 나오는 유제품과 양모 등으로 농경민과 곡류와 생필품을 교환한다. 그들의 생활을 체험한 폴 해리슨(Paul Harrison)은 베두인의 생활에 대하여, "인내에 한계가 없어 보인다(There seems to be no limit at all to their endurance.)"고 술회하고 있다. 사막의 텐트 생활은 문명사회에 비하면 매우 거친 생활이다.

유목민 베두인이 일으킨 나라가 사우디아라비아이다. 이슬람 국가의 흥망성쇠를 기록한 역사가는 이븐 할둔(Ibn Khaldun)이다. 할둔은 부족의 성장과 소멸을 잘 표현하고 있다. 부족의 생존을 위하여 헌신적인 이타행위 부족정신을 '아싸비아(asabiya)'라고 부른다. 아싸비아가 강한 부족은 살아남고, 약한 부족은 멸망한다. 우리 같으면 희생정신, 애국심 같은 개념이다. 공동체를 유지하기 위한 기본행위이다. 아낌없이 주고, 헌신하는 행위이다. 부족이 위협을 받을 때는 부족의 청년들이 나가서 헌신적으로 싸워서 생명을 던지는 행위를 하는 부족은 그렇지 않는 부족보다 번성하고 오래 간다고 주장했다.

이슬람을 믿는 중동국가는 어느 왕국을 막론하고, 부족장이 결국에 왕이 된다. 왕이 되면 여러 부족을 거느리고, 왕이 있는 자리는 도시가 형성된다. 도시에는 여러 부족이 있으므로 아싸비아가 옅어진다. 외부 부족의 침입이 있을 때 목숨을 바쳐 헌신할 전사가 없어서 망하게 된다는 논리이다. 할둔(Ibn Khaldun)의 〈역사의 서설〉에 나오는 이야기이다.

유시민의 〈역사의 역사, 2018〉에서 할둔의 역사서설에 나오는 아싸비아 이론을 다음과 같이 정리하고 있다. 「부족 안에서 아싸비아가 강한 씨족이 리더십을 가지고, 여러 부족이 공존하는 지역에서는 아싸비아가 강한 부족이 권력을 장악한다. 베두인의 공동체는 구성원의 수가 적은 대신 혈연관계로 연결되어 있어서 아싸비아가 강한 반면, 도시는 인구가 많고 혈연관계가 희박해서 아싸비아가 상대적으로 약하다. 아싸비아는 왕권의 수립으로 완성되지만, 영속하지는 않는다. 강한 아싸비아를 가진 부족이 왕권을 수립하면 왕좌가 있는 곳에 도시가 형성되고, 도시가 형성된 후에는 아싸비아가 점차 약해진다. 왕조가 아싸비아를 상실하고 수명을 마치면 도시도 왕조와 함께 다른 베두인 족에게 멸망한다.」

아싸비아 이론은 이타행동의 아랍 버전이다. 인간은 근본적으로 자기중심적 이기적인 동물이지만, 때로는 이타적인 행동을 한다. 생물학 용어로 표현을 하자면, 이타행동은 자신의 번식기회를 포기하는 불이익을 감수하면서 다른 개체의 번식기회를 증대시키는 행위로, 기본형태는 생물학적 유전자를 공유하는 혈족사이에 나타난다. 자식을 먹이기 위하여 굶거나, 자식을 살리려고 위험을 감수하는 부모의 행위는 전형적이고 원초적인 이타행위이며 형제자매나 친족사이에 이타행동도 같은 유형이다. "사촌이 논을 사면 배가 아프다"는 속설이 있다. 그쯤되면 그 집안은 공동체 의식이 사라진 것이다.

지금 사우디아라비아의 정권은 할둔의 역사관에 비추어 보면 막장으로 가고 있는 듯하다. 왕정은 부패하고, 아싸비아 정신이 사라졌다. 왕족만이 모든 이권을 차지하고 있는 전제군주국가이다. 부패한 왕을 위하여 아싸비아를 발휘할 부족원은 없다.

## 14.4 사우디의 인권

국제 앰네스티, 휴먼 라이츠 워치, 프리덤하우스 같은 인권단체는 사우디의 형사법을 비난하고 있다. 사우디는 배심원의 재판이 없고, 법원은 공식절차를 따르지 않고 있다. 체포된 사람들은 자신이 고발되어도 변호사를 부르지 못한다. 영국의 칼 안드레(Caarl Andree)는 세계 최악의 인권사례로 사우디를 들고 있다. 사우디는 4개의 UN의 인권협약에 가입하지 않고, 세계의 인권선언을 받아들이지 않는 나라이다.

2012년 아랍의 봄에 반정부 시위에 참여했던 님(Ali Mohammad al Nimr)은 17살에 체포되어 2014년 참수형을 선고 받았고, 십자가에 못 박혀 죽었다. 외국인 노동자는 주인이나 타인에 의하여 고문당하거나, 매를 맞는 경우가 허다하다. 2016년 반정부 시위에 참가했던 시아파 성직자 세이크를 처형했다. 세계 언론은 '심각한 잘못'이라고 했다. 세이크는 사우디 인 47명 사형수 중의 하나이다. 사우디 정부는 코란의 구절을 인용하여 사형집행을 정당화했다. 세이크는 사우디아라비아에서 민주주의와 자유선거를 요구하는 시위를 했다. 사우디 왕가는 그들을 처형했다. 2017년 투투(Desmond Tutu)와 왈리사(Lech Walesa)를 비롯한 10명의 노벨 평화상 수상자들이 2011-12년 사우디아라비아 시위에 참여했다가 사형언도를 받은 14명의 청년들의 처형 중단을 촉구했다. 듣지 않았다. 내정간섭이라 한다.

인권 침해는 인류의 보편적 가치를 저버리는 행위로 범죄이다. 따라서 어느 국가건 남의 나라의 인권침해에 대하여 내정 간섭을 할 수 있다. "지구상의 목소리를 무시 할 수 없다"고 했다. 2018년 10월 사우디의 워싱턴 포스트 칼럼니스트 자말 카쇼기(Jamal Khashoggi)는 주 터키 사우디 영사관에 갔다가 실종되었다. 터키 정부에 따르면 영사관 안에서 살해되고 시신이 해체되었다고 보도했다. 그러나 사우디 정부는 모르쇠로 일관했다. 외국 언론들의 끈질긴 추적으로 사건의 전모가 밝혀졌다. 그의 살해는 사우디의 최고 권력자 살람 왕세자가 지시한 일이었다. 그는 최고 권력자로 건재하다.

어떤 특정 국가의 인권문제를 거론하는 데는 현지 조사에 의한 구체적이고 객관적인 입증을 전제로 해야 한다. 또한 인권 문제는 정치적 목적이 아닌 인권 차원에서 국제 전문기구가 조사연구하여 제도 말살 같은 공격이 아닌 구체적 사례를 가지고 권고하는 것이 국제적 관례이다. 예로써, 유엔 자유권 규약위원회의 조사연구 권고가 그렇고, 유엔 의사표현의 자유 특별보고관이 직접 현지를 방문 조사하여 문제점의 해결책을 권고하는 것 등이다. 앞에서도 말했듯이, 통치권이 미치지 않는 남의 나라 인권 문제를 어떤 특정인의 편향된 증언만으로 상대를 악마화시켜 특정국가 이름을 가진 법을 만들어 체제 전복 시도 등 공격하는 것 자체가 내정간섭이고 주권 침해 행위이다.

1, 2차 제국주의 전쟁을 겪은 세계는 그 대량살육과 파괴의 참상을 반성하며 '국제연합' 기구를 만들었고, 잇달아 인간의 존엄과 가치의 절대성을 공유하며 '세계 인권선언'을 채택했다. 그리하여 오늘 세계는 국제사회의 정의·평화를 위하여 국경과 인종, 체제와 제도의 차이를 넘어 인권의 보편가치를 일반화시켰다. 오늘 지구상에는 200개가 넘는 독립된 나라들이 있다. 서구식 의회 민주주의 국가도 있고, 사회주의를 지향하는 국가들도 있다. 입헌군주제를 하는 국가도 있다. 민족의 문화와 전통에 따라 정치체제를 선택하는

것은 자유이다. 어느 정치체제가 좋은지 나쁜지는 일괄적으로 비판 할 수 없다. 사우디아라비아 정치는 군주 국가이다. 삼권분립이 안 되어있다. 국회의원은 자문의원으로 왕에게 건의나 청원을 할 수 있지만, 독자적으로 입법을 할 수 있는 기관이 아니다. 통제하고 비판하는 언론은 용납되지 않는다. 평화로운 시위도 허용되지 않는다. 독재정치에 반대하는 시위는 신을 모독한다는 죄를 씌워 처벌한다. 사리아(종교법)이다. 종교법 자체가 우리나라의 3공화국 시절 반공법과 같다. 민주주의를 요구하면 공산주의로 몰아 처벌했다. 이현령비현령이다. 사우디아라비아가 부자의 나라임에는 틀림없지만, 인류 보편적 가치를 실현하는 선진 국가는 아니다.

## 14.5 사우디의 여성

여성의 인권 유린은 심각하다. 특별히 사우디 여성인권이라고 특별항목을 설정한데는 이유가 있다. 이슬람국가들의 여성인권은 보통국가에 비하여 더욱 열악하다. 사우디는 더 심각하다. 쿠웨이트는 2005년 여성에게 자동차 운전을 허용했으나, 사우디는 2019년에 허용했다. 운전면허 허용을 여성인권개선의 1위로 꼽았다. 사우디아라비아는 인구가 3천

400만, 면적이 210만㎢, 1인당 국민소득이 ppp로 5만6천불 (한국 4만4천불)이고 매우 부자 나라이다.

사우디는 1부1처제가 아니다. 한 남자가 4명의 여자와 결혼 할 수 있다. 부자이고 권력자만 가능하다. 코란에 나타난 일부다처제는 인도주의 측면에서 출발하였다. 유목생활은 남자의 일이고 정착농업은 여자의 일이란 말이 있다. 구석기 시대부터 남자는 사냥, 여자는 채집이었다. 남자의 근육이 여자의 근육과 다르게 발달한 것은 생존을 위한 진화의 유산이다. 유목생활은 남자 근육이 필요한 직업이다. 가축을 몰고 천막을 치고, 또 이동을 하는 데는 남자의 근력이 필요했다. 때로는 다른 부족과 싸움도 해야 한다. 유목생활에서 남자는 중노동과 전쟁으로 일찍 죽는다. 그러면 여자 혼자 텐트를 칠 수도 없고, 가축을 거둘 수도 없고, 이동할 수가 없었다.

부족 중에 건장한 남자는 혼자된 미망인의 가족을 위하여 텐트도 쳐 주고 생활을 책임지게 했다. 힘 있는 남자가 혼자된 나이 많은 여자를 돌보는, 복지차원이다. 일부다처제는 부족이 같이 살아 갈 수 있도록 한 복지정책이다. 코란에 명시하고 있다. 매우 도덕적이다. 지금 부자들이나 권력자들이 한 남자가 성적욕구로 4명의 부인과 결혼하는 것을 마호메트가 보았다면 곤장을 맞을 일이다. 지금은 유목생활을 접고, 정착 농경생활이나 도시생활을 하고 있다. 일부다처를 할 이유가 없다. 모슬렘의 권력자는 좋은 미풍양속을 악풍으로 만들었다. 이론적으로 한 남자가 4명의 여자와 결혼하면, 나머지 남자 75%는 배우자 없이 지내야 한다는 논리가 나온다. 경제적 능력이 있으면 4명까지 결혼을 할 수 있고, 경제력이 없는 남자는 배우자가 없이 살아가야 한다. 동물의 왕국에서나 볼 수 있는 현상이다

사우디의 여권은 지구의 보편적 인권차원에서 보면 한참이나 뒤 떨어져있다. 여성은 완전히 남자의 보호를 받아야 할 인간이다. 여자는 남편이나 친척인 남자가 아니면 외출을 할수도 없다. 예를 들면 사우디에서는 여성은 운전을 할 수 없다. 새 왕자의 개혁정책의 하나로 올해부터 운전을 할 수 있도록 했다. 모든 여성은 히잡을 해야 하는데 히잡은 아바(Aba), 니캅(Niqap) 부르카(Bruka) 3종이 있다. 아라비아의 모든 여성은 히잡을 해야 하지만, 간단하게 머리에만 쓰는 아바가 있고, 천으로 얼굴만 내놓고 전신을 가리는 니캅, 눈만 내놓고 전신을 가리는 부르카를 하고 다녀야 한다. 여성혼자는 외출도 안 된다.

얼마 전 한 이란 남자가 한국 여성과 결혼하였다. 이란으로 귀국하여 또 다른 여자와 결혼을 하였다. 한국부인이 항의를 했지만, 이란인은 이란 법을 따르게 되므로 아무런 문

제가 없다는 법원의 판결을 받았다. 디나 알리 라시룸(Dina Ali Lashloom)은 24세, 여성교사였다. 그녀는 남자의 가디언쉽(Male Guardianship/여자가 외출할 때 가족남성과 동반해야 외출을 할 있는 종교법)에 반대하는 페미니스트였다. 박해를 인지하고 필리핀 마닐라 아키노 공항을 통하여 호주로 망명을 하려 했다. 필리핀 경찰은 그녀를 공항에서 체포하여 아라비아로 강제 송환했다. 그녀는 '나의 가족이 나를 죽일 것( My family will kill me)' 이라는 문자를 SNS로 보냈다. 아라비아의 여성 지위로 보아 그녀는 죽었을 것이다. 아직 행방은 모른다. 필리핀 대통령 두테르타가 그 다음날 사우디 왕을 만나러 가기로 되어 있었기 때문이다. 국제인권단체에서는 비난의 목소리가 높다. '명예살인' 이란 말이 있다. 여자가 부모의 허락 없이 연애를 하거나 바람을 피우는 경우에는 가족의 명예를 더럽혔다는 죄목으로 가족 중에서 아버지나 오빠가 여자를 죽인다. 살인이지만, 집안의 명예를 지키기 위한 명예 살인이므로 사우디 이슬람법은 2주일 정도 구류를 살고 나오면 그만이다.

    아라비아의 사우드 왕은 여성도 운전을 할수 있도록 하겠다고 했다. 자동차운전은 여성은 히잡을 해야 하므로 히잡을 하면 앞이 보이지 않아 운전을 할수가 없다. 여자는 말을 탈수 없다. 말을 탈수 없으므로 연장해서 생각하면 자동차를 탈수 없다는 논리이다. 21세기 Me Too가 일반화 되어 있다. 문명사회에서 권력을 이용하여 성폭행을 하는 일은 처벌 받아 마땅하다. 인간의 자유가 얼마나 소중한가는 우리나라도 지난 50년간 현대사를 통하여 경험하였다. 세계의 인권단체 국제인권(Amnesty Interational), 인권감시기구(Human Right Watch), 자유언론(Freedom House)는 사우디 여성의 인권을 지구상에서 최하위로 두고 있다.

### 14.6 메카

메카(마카)는 기원의 대명사가 되었다. IT의 메카는 산호세이다. 민주주의 메카는 영국 등이다. 메카는 이슬람의 성지이다. 홍해의 항구도시 제다(Jeddah)에서 70㎞ 내륙에 위치하는 오아시스 도시이다. 이슬람의 또 하나의 성지 메디나(Medina)의 340㎞ 남쪽에 위치한다. 메카는 이슬람의 원조 무하마드 출생지이다. 다른 종교에서도 메카라는 말이 기원이라는 보통명사로 쓰여, 구별하기 위하여 이슬람에서는 메카를 마카(Makkah)라고 고쳐 부른다.

무하마드(마호메트)는 AD 610년 마카에서 3㎞ 떨어진 자발 놀 동굴에서 기도하는 중 가브리엘(Gabriel) 천사의 계시를 받고 예언자가 되었다. 무하마드는 하나님 즉 '알라'가 아니고 마지막 예언자이다. 메카는 마호메트가 태어난 곳이고, 성령을 받아 예언자가 된 곳이다. 메카에서 13년 동안 이교도들의 박해를 견디지 못하여 622년 메디나로 갔다. 무하마드는 메디나에서 세력을 키운 다음 큐라시(Quraysh)족을 물리치고 메카에 재 입성하였다. 모슬렘(이슬람 교도)은 일생동안 한번은 성지, 메카를 다녀와야 한다고 코란에 적어두었다. 성지 순례를 하지(Hajji)라고 한다. 메카는 오랫동안 무하마드의 후손들이 지배했다. 1925년 이후에 이븐 사우드(Ibn Saud)는 아라비아 반도 부족을 통일하고 왕이 됐다.

메카는 인구 200만의 도시이다. 해마다 순례자가 600만 넘게 들어온다. 사우디에는 13개 행정구역이 있다. 메카는 메카 자치주의 주도이다. 메카 주는 인접한 대도시 제다까지 포함한다. 메카 시장은 선출된 14명의 시의원이 추천하고 사우디 왕이 임명한다. 메카의 마카 로얄 시계탑은 세계 4위의 고층건물이다. 모슬렘이 아니면 메카에는 들어 갈 수가 없다. 종교경찰이 검문 검색한다.

메카에는 카바(Kabba)신전이 있다. 정6면체 거대한 검은 화강암 석조물이 놓여있다. 카바는 이슬람이 가장 소중하게 여기는 곳이고, 신의 집(The House of God)이라 부른다. 이슬람 달력에는 12월에 순례행사가 있다. 이슬람 달력은 월

력(月曆)을 기준으로 한다. 1년은 354일 또는 355일이다. 마지막 달에 행해진다. 순례 일자는 정해져 있지 않다. 하지(Hajji)는 이슬람 5개 신조 중의 하나다. 유일의 신, 하루 5번 예배, 자선, 금식, 성지순례이다. 메카의 경제는 전적으로 순례자의 비용으로 충당한다. 수입원은 순례자의 숙박, 세금, 항공사의 수입이다. 교주가 태어난 곳은 어디를 막론하고 성지이고 스토리텔링을 만들어 낸다. 이븐 카사티르(Ibn Kathir), 코란 해설자는 카바의 기원은 인간을 만들기 전에 천사에게 기도하던 곳, 노아의 홍수 때 사라진 곳에 아브라함과 이스마엘이 다시 건축한 건물이라고도 한다.

여행가 이븐 바투타가 729년에 메카에 왔고 당시 상황을 정확하게 기록하고 있다. 그는 메카에 2년 동안 살았다. 메카와 메디나에 머무는 사람들을 위하여 많은 구호금이 답지했다고 했다. 메카의 마을은 작고 깨끗했고, 성스러운 기운이 깃드는 곳이었다고 기록하고 있다. 지금 보는 메카와는 차이가 있다. 십자군의 원정이 처음에는 기독교 정신으로 뒤에는 장사를 하러 다니듯이, 메카도 종교의 신성을 팔아 상업 활동을 하고 있다. 지금의 메카가 먹고사는 경제는 순례자가 쓰는 경비이다.

메카는 1차대전 이전에는 줄곧 오토만제국의 지배하에 있었다. 오토만 제국이 쇠잔해지고 영국이 진출을 하자 사우디 왕가는 영국과 손을 잡고 다른 부족을 정벌하고 독립을 했다. 1924년 또 한 번의 메카전쟁은 내전이었다. 사우드 왕가는 그 당시 타이프(Taif)에 있던 헤자스(Hejaz) 왕가를 정복했고, 지금에 이르고 있다.

사우디는 홍해와 페르시아 만과 면하고 있다. 페르시아 만 쪽보다는 홍해 쪽이 좁은 평야도 있고, 비가 많아서 홍해 쪽에 사람이 더 많이 산다. 제다도 사막이다. 사막기후는 일정하게 비가 오는 것이 아니라, 비가 수년 만에 한두 번 천둥과 번개를 동반한 폭풍우로 온다. 2008년에는 하루에 80mm 강우가 내린 일도 있다. 홍해 연안의 중심도시가 제다이다. 제다의 번성은 내륙에 위치한 메카 때문이기도 하다. 메카와는 65km 서쪽 해안에 있다. 메디나와는 360km 거리이다. 뿐 아니라 아프리카 동안에서 수에즈 운하를 거쳐 유럽으로 들어가는 길목에 제다가 위치한다. 항공기로 2시간 내에 대부분의 중동국가의 수도를 비행 할 수 있는 좋은 위치이다. 아라비아 반도에서 아랍에미리트 두바이 항구 다음으로 교역량이 많은 항구이다. 사우디아라비아에서는 제일 큰 항구이고, 수도 리야드 다음으로 큰 도시이다. 제다는 메카와 메디나를 가까이 두고 있는 항구도시이긴 하지만 매우 개방적인 도시이다. 사우디 폐쇄성을 아는 관광객은 '제다는 다르다.(Jeddah is different.)' 한다.

## 14.7 사우디의 황태자

사우디아라비아는 전제 군주국이다. 영국이나 일본처럼 '왕은 존재하나 통치하지 않는' 나라가 아니다. 사우디 왕가는 절대 권력을 갖고 있다. 사우디 행정은 각료회의(Counsil of Ministers of SA)라는 행정부가 있다. 총리가 주재한다. 총리는 왕이 겸임한다. 각료회의 멤버는 황태자(부 총리 겸임)를 비롯하여 23명의 각료가 있다. 모든 각료는 왕족법에 따라 대부분 왕족을 임명하고 각료는 재정, 경제, 교육, 국방과 국가의 모든 정무를 관장한다. 자문위원회가 있다. 국회 격이지만 한참 뒤떨어진 국회이다. 자문기구(Consultive Assembly)는 왕에게 법률 제정을 위하여 토론을 요구할 수 있다. 법 제정을 청구 할 수 있지만, 입법 할 권리는 왕에게만 있다. 자문위원은 150명이고 2013년부터 여성 할당제를 실시하여 30명의 여성 자문위원이 있다. 자문위원은 국회처럼 국정을 논하고 비판을 하지만, 입법기관은 아니다. 선거로 뽑는 것이 아니고, 왕이 임명한다. 회의는 리디아의 얌마하 궁전에서 행해진다. 자문위원의 임기는 4년이다. 우리나라의 국회처럼 상임위원회가 있다. 2013년 처음으로 여성이 자문기구에 참여했다. 현재 여성자문위원은 20%를 차지하고 있다.

사우디 왕은 입법, 사법, 행정을 총괄한다. 조선시대의 왕과 같다. 한마디로 사우디아라비아는 사우드왕가의 소유물이다. 왕족의 수는 7천명이다. 실질적 권한 행사는 200명 정도 왕족이다. 13개의 지방 주지사도 모두 왕족이다. 미국과는 특별한 관계에 있다. 미국은 사우디의 인권이나 정치에 관심이 있는 것이 아니고, 석유와 대 이란 작전에만 관심이 있다. 트럼프는 무하마드 빈 살만이 황태자가 된 것을 축하한다는 메세지를 보냈다.

아라비아의 사법부는 아직도 종교가 재판의 근간이다. 헌법은 쿠란과 순나(Sunnah/예언자의 지시)에서 따른 것을 해석하는 법률가가 있다. 무슬림 국가 중에서 쿠란을 법으로 체계화 하지 않는 유일한 국가이다. 법관이 기준으로 삼아야 할 헌법이 존재하지 않는다. 법관은 사리아(Sharia) 법에 따라서 자의적으로 재판을 한다. 사우디의 재판관은 현대적 해석이 아니라 전 근대적인 쿠란과 하디스(Hadith/무하마드의 말과 행위/이스람의 척추)에 따른다. 최종적인 판단과 승인은 왕이 결정한다.

사형은 사우디에서 행해지고 있다. 참수, 투석, 사지절단형, 십자형, 태형, 사형제도는 많은 비판을 받아왔다. 2007년-2010년 사이 공공장소에서 345명에게 참수를 단행했다. 왕세자가 되고 난 후 살만(Bin Salman)은 2017년 워싱턴 포스트 기자 회견에서 미국의 영향 없이도 우리는 북한과 같지는 않을 것이라고 했다.

울라마(Ulama)는 종교와 법을 해석하는 학자, 선생을 의미한다. 수니파에서 울라마, 시아파에서는 이마마이다. 이슬람의 법과대학의 교수이다. 울라마는 경전을 현대적으로 해석하는 법률가이다. 현재 살만 알 사우드(Salman Al Saud) 왕 겸 총리이다. 아들 무하마드 빈 살만(Mohamad bin Salman)은 황태자이다. 1992년 채택된 사우디의 기본법에 따르면 왕은 사리아(Sharia/이슬람법)와 쿠란을 따라야 하며, 쿠란과 수나(Sunnah/무하마드의 규범)가 헌법이 된다. 정당이나 선거는 허용되지 않는다. 서방의 정치평론은 사우디를 완전한 독재체제(totalitarian dictatorship)라 하고 있다. 프리덤하우스(Freedom House)의 자유의 지표에서 가장 나쁜 순위 7.0(7 = 가장 나쁜국가)로 표시하고 있다. 선거와 정당이 없고, 사우디의 정치는 사우드왕가 내에서 정치이고, 나머지 소수는 부족의 울리마와 주요안건에 대하여 상인들의 대표가 영향을 조금 행사 할 수 있을 뿐이다. 어떤 결정도 그 과정이 공중매체를 통하여 보도되지는 않는다. 전통적인 부족장의 회의를 통하여 왕에게 청원을 할 수 있는 권리(Majlis)는 있다. 부족장회의(Tribal identity)의 건의는 왕족 다음으로 중요하게 간주한다.

현재 사우드 왕의 반대세력은 4개가 확인되고 있다. 수니 이슬람 행동파, 동부 시아파 소수 행동주의자, 오래된 부족, 지역주의자(Hejaz)들이 있다. 그 중에서도 소수 행동주의자들이 폭력행위를 하고 있다. 정부에 반대하는 어떤 평화적인 시위도 용납되지는 않는다. 사우디는 방대한 에너지 자원으로 지렛대 노릇을 하지만, 지구상에 외딴 섬으로 얼마 동안 남아 있을지 두고 볼 일이다.

### 14.8 사우디의 부패

절대 권력은 절대 부패한다는 말이 있다. 사우디 왕가는 오랜 집권 속에서 부패가 만연 해 있다. 사우디의 부자 순위는 사우디의 공직자 순위에 따라 결정되고 있다. 왕자의 신분이 높을수록 재산의 규모가 커진다. "사우디 부패는 체계적이고, 만연되어 있다."고 실권을 잡은 황태자가 인터뷰에서 밝혔다. 영국 이코노미스트(The Economist)는 "사우디 정부는 2012년 민주화 지수와 부패지수에서 최하위 수준에 머물고 있다."고 했다. 영국 검찰은 반다르 왕자를 수뢰혐의로 체포했다. BAE(영국 최대 방위산업체)로부터 영국에서 전투기를 구매하면서 20억불을 수뢰했다는 혐의이다. 영국

검찰이 사법거래(plea bargain) 조건으로 조사를 한 결과 4억5천만 불을 받았다고 자백했다.

사우디 황태자는 부패척결을 내세워 왕자들을 구속했다. 서양언론은 왕족만이 전횡하고 있는 형국에서 부패척결은 권력을 잡기위한 수단으로 잠시 이용 될 뿐이라는 말을 하고 있다. 억만장자 알 왈리드 빈 타랄(Al-Waleed bin Talal) 왕자는 2017년 11월에 체포되었다. 실권을 장악한 살만 황태자는 2017년 대 숙청을 예고했다. 2017년 5월 방송에서 '사우디에서 부패에 연루된 자는 비록 왕족이나 장관일지라도 살아남지 못 한다'고 공언했다. 2017년 11월 200명의 부패한 왕자와 기업가들을 호텔에 연금했다. 사우디의 왕자이고 최고 갑부 타랄을 위시하여 40명의 왕자가 돈세탁이나 부패로 연금되었다. 그 외 권력자 빈 압둘라 보안사령관, 파네이 경제기획원장관, 술탄 해군장관도 부패혐의로 체포했다.

오랫동안 왕족 중심의 정치와 인사권은 왕자들의 권력영지(power fiefdom)을 만들어 냈다. 권력의 독점정도를 보면, 압둘라 왕자는 1963년 이후 국가보위부(National Guard) 사령관이 되어 50년간 권력을 잡고 있다가, 2010년에 그의 아들에게 물려 주었다. 전 황태자 술탄은 1962년부터 50년간 죽을 때까지 국방부장관을 지냈고, 왕자 나에프

(Nayef)는 1975년부터 2012년까지 37년간 내무부장관, 왕자 사우드는 1975년부터 현재까지 46년간 외무부장관, 현재 황태자 살만(Salman)은 그가 국방부장관으로 임명되기 전까지, 1962년부터 2011년까지 49년간 수도 리아드 주지사를 역임했다. 실권자는 무하마드 빈 살만(Muhamad bin Salman)이고, 황태자이다. 왕족은 장관을 30년 동안 하는 것이 보통이다. 왕가의 권한은 법 위에 존재한다. 아무도 간섭하지 못한다.

뉴욕 타임즈는 "최근의 황태자의 대 숙청은 황태자의 권력을 공고히 하는데 목적이 있다. 황태자 살만은 현재 왕의 오른 팔이고 실권자이다. 사우디 왕은 반부패 칙령을 발포하고 반부패 집행 위원장을 빈 살만 황태자로 임명했고, 발표된 수 시간 만에 체포 작전이 전격 시행되었다."

델라웨어 대학교의 이슬람 전공, 무케다 칸 교수는 허핑톤 포스트(The Huffington Post)에 게재한 글에서 '도날드 트럼프를 비난한 사우디의 재벌을 구속한 것은 일종의 쿠데타'라고 했다. BBC특파원 프랭크 가드너는 '황태자의 작전은 개혁의 이름을 빌어 권력을 공고히 하려는 목적'이라고 했다. 아직 혐의가 어떻게 밝혀질지는 모른다. 워싱턴 포스트( Washington Post)는 긍정적으로 평가했다. 사우디의 개혁은 최고의 권력자만이 할 수 있는 일, 세금을 거두고 법을 집행 할 수 있는 일, CBS의 분석가는 '부패의 척결은 보통 사우디 사람들인 국민들의 허리띠를 졸라매게 하고, 동시에 파워 엘리트는 더 많은 재산을 축적하는 기회가 된다.'고 보도했다.

전 사우디 미국대사 로버트 조르단(Robert Jordan)은 '사우디의 부패는 해묵은 일이다. 국민들은 왕족들이 모든 이권을 독점하는 것에 분노를 느낀다.'고 했다. 비용은 사회화하고 이익은 사유화하는 것이 전형적인 사우디왕가의 재정처리 방식이다. 국가예산이 재해에 쓰여 진다는 명목으로 재산을 모아 사유화하고 있다. 부패 척결을 구실로 정적을 제거하고 권력을 잡으려는 오래된 관행이었다. 미국 트럼프는 '나는 살만 왕과 황태자를 신임하고 있다. 그는 국민이 원하는 일을 하고 있다. 오랫 동안 나라가 흐려지는 것을 볼 수 없어 한 조치이다.'라고 말했다. 미국 대통령은 미국에 해가 되지 않는 한 항상 권력자 편이다. 한국이 이만큼 발전한 것은 부패척결이 관건이라 여겨진다. 국가의 부패를 막기 위하여서는 정치 민주주의가 제대로 되어야 한다. 민주주의를 하려면 권력을 일부분 내 놓아야 한다. 사우디의 고민은 여기에 있다.

## 14.9 사우디아라비아 반도

사우디아라비아 반도에는 7개 나라가 있다. 사우디아라비아가 가장 큰 나라이고, 절대적 영향력을 행사한다. 사우디의 인구는 3천만명이 넘지만, 나머지 6개 나라는 아라비아 반도의 해안에 있다. 모두가 베두인 족이다. 문화가 매우 유사하다.

사우디는 이슬람의 탄생지로서 전 세계 17억 무슬림들의 정신적 구심 역할을 하고 있다. 세계 1위 원유수출국이자 중동 유일의 G20회원국으로서 국제 정치·경제적으로도 핵심 역할을 하고 있다. 사우디는 아시아-유럽-아프리카를 연결하는 지정학적 요충지에 위치해 있어, 고대로부터 동서 간 문물 교류의 중심지 역할을 해왔다. 통일신라 말 ~ 고려 초기 개성 인근 항구 벽란도(개성군 서면 연산리)에 거주한 4만 명 이상의 외국인 가운데 대부분이 아라비아 상인들로 구성되었다고 한다. 고려라는 이름도 처음으로 아라비아 상인에 의하여 서양에 전해졌다. 이슬람 공동체는 조선시대까지도 이어져 조선왕조실록에도 세종대왕께서 꾸란 낭송을 들었다는 기록이 여러 차례 나온다.

이슬람(Al Islam)은 아랍어로 신(알라)에게 복종과 순종을 의미한다. 남성일 경우 무슬림, 여성일 겨우 무슬리마이다.

이슬람권 많은 나라들이 초승달과 별이 포함된 국기를 사용하고 있다. 모스크 첨탑 장식에도 활용하고 있으며, 이슬람에서 별과 달은 알라의 권능을 상징하는 증표이기도 하다.

초승달과 별이 언제부터 이슬람의 상징이 되기 시작했는지 유래가 정확히 알려져 있지는 않았다. 역사적으로 오스만 제국이 콘스탄티노플(지금은 이스탄불)을 점령한 1453년 당시 비잔틴 제국에 존재하던 초승달 및 별 상징을 오스만 제국이 수용하면서 이슬람의 상징으로 정착한 것으로 추측하고 있다. 몽골을 여행 해 본 분은 기억할 것이다. 게르를 나와 잡광이 없는 밤하늘을 쳐다보면 별이 얼마나 많고 큰지. 초생 달이 얼마나 아름다운지 알 것이다. '사막의 낮은 지옥이고 밤은 천국이다' 라는 말이 있다.

사우디 인구 3,200만, 외국인 1,210만, 임금이 싸고 효율이 높은 외국인 노동자를 선호한다. 609년 메카에 거주하던 꾸라이시(Quraysh)가의 무하마드가 알라의 계시를 받아 612년부터 교주가 됐다. 이슬람 원조국이다. 현재의 사우디 왕가는 1902년 알 리쉬드 가를 물리치고, 리아드를 수도로 삼았다. 2015년 국왕 서거 후 왕세자가 7대왕으로 즉위했다. 이슬람 보수 가치를 중시하는 와하비즘의 영향으로 사회전반에 걸쳐 엄격한 이슬람 계율을 요구한다. 음악, 무용, 연극, 영화 등 오락 및 대중 예술은 허용하지 않는다. 학교 교과목에도 제외된다.

옷차림은 남자들은 외출 시 토브(thobe)라고 하는 하얀색의 전통복장과 구트라(goutra)라고 하는 흰 바탕에 붉은 체크무늬 또는 흰색 천을 머리에 두른다. 여인들은 아바야(abaya)라고 하는 검정 겉옷을 입고, 검은색 스카프로 머리와 얼굴을 가린 후 외출한다. 외국 여인들도 아바야 착용이 의무이다. 특별한 문화가 있고, 종교가 있고, 걸 맞는 의상이 있다. 현대국가의 보편적 가치는 국민의 인권이 보장되는 민주주의 국가이다. 사우디아라비아는 인간 보편적 가치를 지키지 못하고 있다. 부자의 나라이지만, 선진국이라 부르지 않는다.

# 15장 UAE와 쿠웨이트

## 15.1 UAE

UAE(United Arab Emirates)는 7개의 부족국가가 합해진 연방왕국이다. 면적은 한국의 2/3 쯤 되는 8만3천㎢이고, 인구는 1천만 명이다. 삼각형의 땅이다. 남쪽에는 오만, 서쪽은 사우디아라비아, 동북쪽은 페르시아 만이다. 바다 건너 이란이 있다. 인구는 1천만 정도이지만, 150만명(15%)이 원주민이고 나머지 85%는 외국인 및 외국인 노동자들이다. 주로 동남아시아인으로 인도인 38.2%, 파키스탄 9.4%, 방글라데시 9.5%, 필리핀 6.5%이다. 그 외 이집트인 10.2%가 있다. 인구가 부족한 나라이지만, 시민이 되는 조건이 까다롭다.

20년을 살아야 하고 아랍어를 자유롭게 구사하고 이슬람을 믿어야 한다.

1인당 국민소득이 7만 불이 넘는 부자나라이다. 아부다비(Abu Dhabi), 두바이(Dubai), 샤르자Sharjah), 아지만(Ajman), 알쿠와인(Al Quwain), 카이마(Al Khaimah), 푸자리아(Fujairah) 7개 토호국(Emirate/土豪國)들이다. 토호국은 일본어를 번역한 이름을 그대로 쓰고 있다. 규모가 큰 부족국가라고 쓰면 편하다. UAE는 7개 부족으로 구성되어 있다. 가장 큰 면적을 갖고 있는 아부다비 족이 실권을 잡고 있다. UAE의 헌법에 아부다비 부족장이 UAE 대통령을 겸하도록 헌법에 명시되어 있다. 다음으로 면적이 큰 두바이 부족 왕이 총리가 된다. 국방과 외교를 제외하고는 부족장이 통치를 하고 있다. 국회 격인 연방자문위원회(Federal National Council)가 있다. 독재국가는 어디를 막론하고 선거를 두려워한다. 정당은 없다. 자문위원은 40명이다. 그 중에 반, 20명은 직선이고 반은 각 부족 단위로 7개 부족국가의 왕이 임명한다. 40명 자문위원 부족별 할당 내역을 보면 아부다비 8명, 두바이 8명, 사르자 6명, 카아마 6명, 아즈만 4명, 푸자리아 4명, 쿠아인 4명이다.

투표권과 피선권도 모든 국민에게 있는 것이 아니다. 왕이 선거인단을 구성한다. 2019년의 선거인단은 총 인구 1천만 명에 337,738명(3.3%)에게만 투표권이 있다. 그래도 2015년 224,000명에 비하면 많아진 셈이다. 황석영 소설 〈철도원 삼대〉에서 세상은 조금씩 나아지고 있다 했다. 민주주의가 조금씩 발전한다. 선거 방식도 재미있다. 투표권자는 부족의 후보자 중 한 명에게 투표 할 수 있다. 당선자를 다수로 결정한다. 각 부족국의 투표자명단은 각 부족에게 위임 되어 있다. 부족장이 결정한다. 모든 후보자는 정당이 없이 개인으로 출마한다. 아부다비 2019년 선거만 보면 당선자의 득표수는 최고득표자 수사알아파리 2624표, 칼판알샴시 2495표, 만수리 444표, 알암리 370표를 얻어 당선되었다. 형식도 내용도 민주주의라고 말하기에는 부끄럽다. 그러니까 UAE의 경제는 부자이지만, 민주주의 국가는 아직 아니다. 2011년 아랍의 봄에 정권이 무너지지는 않았지만, 크게 동요되었다. 반정부 시위로 100여명의 시위 혐의자는 투옥되고 고문 받고, 처형도 되었다. 세계적인 민주주의 트렌드는 거역 할 수 없다. 절대 왕권의 권력은 점차로 줄이고 민주주의로 가고 있지만, 매우 느리다.

  7개의 부족국가 중에서 두바이의 인구가 가장 많지만, 아부다비 족이 모든 권한을 독차지하고 있다. 아부다비는 인구는 두바이보다 좀 작지만, 원주민 수는 비슷하고 아부다비 땅에 석유가 많이 나고, 국토면적의 87%를 차지하고 있다. 인구는 30%이지만, UAE의 정치는 아부다비 족이 독점하고 있다. 아부다비 부족은 1인당 GDP가 10만 불이 넘는 세계 최고 소득 민족이다. 아부다비 부족의 경제는 석유생산으로 UAE전체 GDP의 60%를 차지한다. 아부다비가 인구는 두바이 보다 작지만, 독립과정에서 영국으로부터 먼저 독립을 획득했고, 국토면적이 가장 넓고, 석유가 가장 많이 나고, 일찍이 영국을 통하여 권력을 잡았기에, UAE는 아부다비 족 중심으로 움직이고 있다.

석유가 등장하기 전에는 페르시아 만을 끼고 해적질을 하고 살던 해적 부족국가들이다. 포르투갈과 영국이 지배하기 전에는 해적질을 했고 해안에서는 자연산 진주를 채취하였고 내륙에서는 오아시스에서 대추야자를 재배하고 가축을 방목하였다. 영국이 동인도회사를 경영하면서 포르투갈에 이어 영국이 지배를 했고, 1892년 페르시아만 연안의 해적국가들은 영국의 보호국이 되었다. 영국은 1971년에 6개의 부족국가를 합하여 UAE로 만들었다. 전에 같은 나라였으나, 카타르(Qatar)는 분리 독립하였다. 세월에 따라 자원의 개념이 변했다. 1922년 현재 영국의 석유회사 BP는 아부다비 근해에서 석유를 채굴하였다. 석유국가로 등장했다.

## 15.2 UAE의 원전

UAE는 석유와 천연가스의 산출국이다. 화석연료가 차지하는 비율의 GDP는 26%나 된다. 국토면적은 남한보다 작은 8만3천㎢이다. 인구는 1천만 정도이지만, 7개의 부족국가로 구성된 연방국가이다. 참으로 이상한 나라이다. 이상한 나라라고 하는 것은 우리나라와 자연이나 문화가 많이 차이가 난다는 말이다.

에너지 자원이 많은 세계 7대 산유국이지만, 석유는 멀지 않는 미래에 고갈 될 자원이라는 걸 알고 있다. 미리 대비를 하고, 가장 철저하게 대비하는 나라는 이슬람 국가 중에서 제일이다. 이슬람국가들이 대체산업으로 하는 프로젝트가 담수화 계획이다. 여러번 이야기를 했다. 국토면적이 넓으면서도 인구가 적은 것은 물이 부족하기 때문이다. 물만 확보하면 유목을 하지 않고 정착하여 농사를 지을 수가 있고, 가축을 사육할 수가 있다. 그리고 작은 오아시스를 중심으로 살고 있는 주민은 큰 도시로 만들 수 있다. 사막 한가운데 있는 사우디 사막의 수도 리아드가 100만이 넘는 도시가 된것은 물의 공급에 있다. 물을 담수화하는 데는 막대한 전기가 들어간다. 대체자원이 필요했다. 사막에서도 태양력, 풍력을 대체하고 있다. 그보다 가장 쉬운 에너지는 원자력이다.

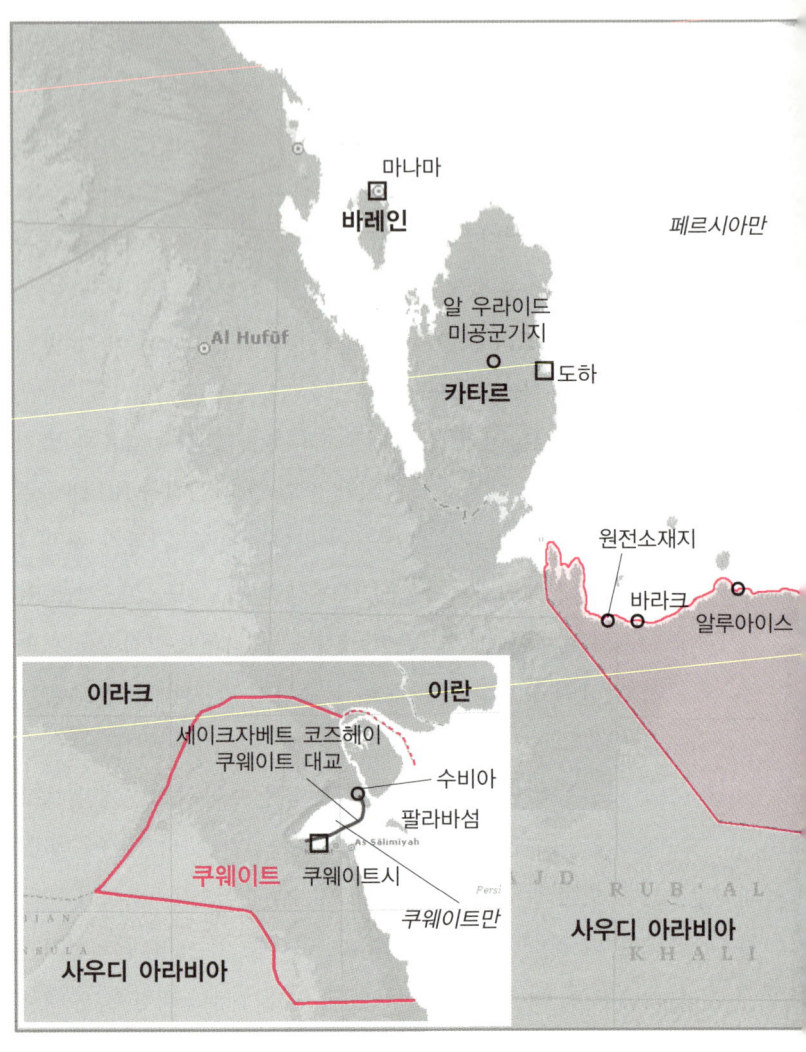

UAE와 쿠웨이트

15장 UAE와 쿠웨이트 249

UAE의 원자력발전은 아부다비, 루바이스 서쪽, 고속도로 E11과 해안 사이에 위치한다. 4기를 건설하는데 1 기의 발전시설 용량은 1,400MW, 4기 모두 5,600KW이다. 한국수자원공사가 수주하여 건설하였다. 건설 장소는 UAE의 수도 아부다비에서 E11고속도로를 따라 가면 해안에 알 루아즈(Rouais)의 서쪽 50㎞지점에 있다. 카타르(Barakh) 쪽이 더 가깝다. 정확한 지점은 UAE 바라카 원전이다. 4기를 건설했다. 4기에 244억불이다. 1호기와 2호기는 2019년 가동했고, 3호기는 2020년, 4호기는 2021년에 가동했다. 2022년 1월에 문재인 대통령이 방문했다. 원전가동은 만족스럽다고 했다.

UAE의 원전은 아라비아 반도에서는 최초의 원전이고, 아랍국가에서는 상업적 원전으로는 최초의 것이다. 중동의 아랍 국가들은 사막국가이다. 모든 에너지는 석유로 하고 있다. 어느 나라를 막론하고 유한한 석유자원은 언젠가는 고갈될 것이고, 더 영구적인 원자력에 비상한 관심이 있는 것은 사실이다.

문재인 정권이 들어서고 나서 탈원전을 선언했다. 원전을 한국 에너지의 주축으로 생각해 왔던 나에게도 큰 충격이었다. 정부쪽의 탈원전 주장도 일리는 있다. 원전의 주축국인 프랑스, 캐나다, 영국, 독일도 탈원전 내지는 소극적으로 원자력에 의존하고 있고, 일본도 탈원전을 선언했다가 재가동

한국 수자원공사가 건설한 UAE원전

을 묵시적으로 하고 있는 형편이다. 선진국은 어느 나라를 막론하고 탈원전내지 감소 쪽으로 방향을 잡고 있다. 스리마일아일랜드, 체르노빌, 후쿠시마의 원전사고는 아직도 매몰비용은 계산이 나오지 않는 엄청난 재앙이었다. 대체 에너지를 찾아야 한다는 주장에 힘이 실린다. 한편 한국의 원전은 자체 기술이 축적되어 있는데다가, 석유의 대체에너지로 원자력밖에 없다는 오랜 반성없는 관행에 젖어왔다. 2009년 12월에 UAE와 체결한 원전건설 수주는 이명박 정권의 큰 업적이었다.

  UAE에 한국군 1개 중대 120명이 파병되어 있다. 한국은 이제까지 미국의 요청이나 UN의 결의 따르지 않고서는 해외에 파병한 일이 없다. 그런데 왜, 어떻게 한국의 군대가 UAE에 주둔하고 있는 것일까? 정권은 바뀌었다. 이명박, 박근혜, 문재인 정권으로 바뀌었다. 국회의 승인 없이 파병은 불법이다. 철군을 하려했다. 이명박 정권이 한 일이지만, 국가간 협약이다. UAE에서 문제를 제기했다. 아무도 모르고 있었다. 대통령 임종석 비서실장이 2017년 12월9일 대통령 특사로 UAE로 갔다. 외교문제를 비서실장이 갈 일이 아니다. 비밀스러운 일이다. 한국 국회에서 문제를 제기했다. 야당 김성태 의원(20대 국회의원)이 문재인정부 탈원전 선언이 UAE와 문제를 만들어 낸 것처럼 폭로했다. 사실은 원전을 수주할 때 이명박 정권 당시 국방부 장관은 이면계약을 해주었다. 원전에 안전을 위하여 한국 군대를 파견한다는 조건이다. 이실직고한 것이다. 불법 비밀계약을 했다고 털어놓았다. 'UAE의 유사시 군사 자동개입'의 문제는 언어도단이다. 국회의 동의 없이 파병을 할 수 없다는 점을 양국은 양해했다. 원전은 예정준공일보다 2년이나 늦게 시작하였다. 원죄는 현재 야당인 이명박 정권에 있고, 야당이 문제를 제기 하지 않으니, 유야무야 되고 말았다.

## 15.3 예멘의 문화

2009년 3월15일 한국인 관광객 18명이 예멘(Yemen)에서 폭탄테러를 당했다. 4명이 죽고 3명이 부상을 당했다. 돈을 버는 일은 목숨을 걸고 하는 일도 있다. 관광은 경제적 시간적 여유가 있어야 한다. 참으로 기가 막히는 일을 당했다.

예멘은 서울에서 8천300km나 떨어진 멀고 생소한 나라이다. 예멘은 어떤 나라인가? 무엇을 관광하러 간 것일까? 예멘은 아라비아 반도 남쪽, 사우디 서남단에 있다. 남한의 5배나 되는 면적이만, 인구는 2천2백만명이다. 이슬람 국가이다. 예멘에서 석유와 천연가스가 생산되면서 세계의 관심을 갖게 되었고, 우리나라에서도 석유개발을 위하여 투자를 하고 있다. 2억 불 어치의 석유를 수입하고 1억5천만 불 어치의 전자 가전제품을 수출한다. 200여명의 교민이 살고 있다. 예멘은 한반도와 같이 북예멘(왕정)과 남예멘(사회주의)으로 나누어진 분단국가였다. 1990년에 소리도 없이 평화통일을 했다. 한반도에서도 예멘을 벤치마킹하자는 말까지 나왔다.

예멘은 사막국가이다. 사막에는 물이 있는 곳에만 사람이 산다. 이웃 사우디아라비아 면적이 예멘의 4배가 넘는 큰 나라이지만, 인구는 예멘과 비슷하다. 사막국가의 인구는 담수량에 비례한다. 물이 많으면 농사를 많이 짓고 많은 인구를 부양 할 수 있다. 농업 생산만큼 인구가 있게 마련이다. 중동국가 중에는 석유를 판돈으로 바닷물을 담수화하여 물을 공급하여 큰 도시를 만들고, 식량을 수천km 밖 외국에서 수입해서 먹고 있지만, 100년 전만 하더라도 어림도 없는 소리이다. 수도 사나(Sanaa, 인구 150만)와 주변이 인구 밀집 지역이다. 남쪽에 3천700m나 되는 높은, 나비(Nabi, 3,360m)산이 있다. 계절풍(Monsoon)이 불고 높은 산에서 지형성강우를 일으켜 많은 비를 내린다. 수도 사나(Sana)의 수자원이 된다.

자발 산지에서 강이 흐르지만, 바다에 이르지 못하는 와디(Wadi)이다. 보통 강은 하류로 갈수록 수량이 많아지지만, 와디는 상류에는 물이 많고, 하류로 갈수록 물줄기가 작아져서 결국에는 말라버린다. 남 예멘에는 거대한 와디가 있다. 수도 사나에서 동쪽으로 1천km들어가면 마실라(Masilah)와디가 나온다. 마실라 주변에는 많은 촌락이 발달해 있다. 세이욘(Sayon)과 타림(Tarim)이 대표적인 큰 마을이다. 역사가 2천년 넘는 소도시이다. 비가 없어서 진흙벽돌로 지은 건물로 도시를 만들고 있다. 이렇게 2천년 전에 지은 집이 아직도 건재하고 사람이 살고 있다. 경관이 워낙 특이해서 '사막의 맨하탄(Manhattan of Desert)'라는 별명이 붙어 있다. 비가 없는 지역이라, 손으로 진흙을 으깨서 흙벽돌(mud brick)을 쌓아 높은 집을 지었다. 진흙 집은 단열효과가 좋아 여름에는 시원하고 겨울에는 따뜻하다. 특이한 경관과 자연은 관광객을 부른다. 물은 지하수를 이용한다. 말라버린 강이지만, 깊이 파면 물을 얻는다.

농촌에는 아직도 자급자족의 농사를 하고 있다. 환금작물(cash crop)은 커피와 카트이다. 세계에서 가장 이름난 커피는 '모카(Mocha)커피'이다. 커피는 서부의 산지에서 재배되지만, 모카(Mocha) 항을 통하여 수출된다 하여 붙은 이름이다. 모카커피는 초콜렛 향이 짙은 커피이다. 세계 3대 명품 커피는 모카 마타리, 자메이카 블루마운틴, 하와이 코나 커피이다. 세계시장에서 비싼 값으로 거래된다. 좋은 커피는 야생이고, 산지에서 자란 것이다. 모카커피가 세계시장에 알려지자, 산지를 개간하여 커피를 많이 심었다. 커피의 원산지는 에티오피아이다. 에티오피아는 예멘의 맞은편이다. 커피는 육류와 유제품을 먹고 후식으로 마시는 유목민의 기호식품이었다. 오스만 제국을 통하여 유럽에 전파되었다. 또 다른 기호 식품은 카트(Qat)이다. 예멘사람들은 누구나 카트를 씹고 차로 마신다. 사철나무같이 생긴 상록수 잎이다. WHO는 마약으로 지정했다. 예멘인은 카트를 상용한다. 카트는 최음제 역할을 한다. 예멘에서는 대단한 인기 기

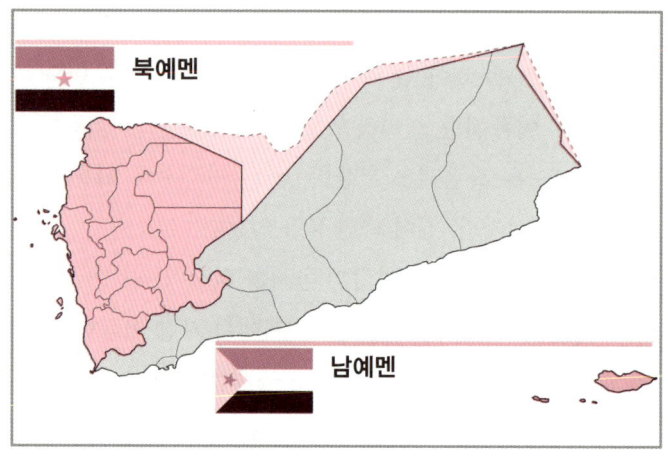

통일되기전(1990) 남북 예멘

호식품이지만, 수출은 못한다. 예멘 남자는 30센티 가량 된 칼을 배에 차고 다닌다. 성인 남자의 상징이다. 유목민이었던 그들의 풍습이 남아 있다. 지금은 총을 갖고 다닌다. 어른은 누구나 총을 소지 할 수 있어, 한 집에 총이 두세 자루 있다. 총기사고가 다반사로 일어난다. 친구 간의 언쟁도, 부부 간의 싸움도 총으로 끝을 맺는 경우가 허다하다. 잘사는 북예멘과 못사는 남예멘의 통일은 아직 후유증이 남아 있다. 남예멘 특히 마실이아 와디에 살고 있는 남부의 농촌사람들은 석유를 팔아 잘사는 북부 정부에 대하여 불만이 많다. 자주 테러가 일어난다. 이번 사고도 남부 마실리아 와디, 세욘

시에서 일어났다. 한국인이 표적이 아니기를 바란다. 만약 한국인을 표적했다면, 한국의 중동외교가 무엇이 잘못된 것인가를 짚어 보아야 한다. 개인은 원한이 없기 때문이다.

### 15.4 오만

아라비아 반도 남쪽에 두나라가 있다. 예멘과 오만이다. 아라비아 반도는 전체가 사막이다. 사람이 사는 곳은 물이 있는 오아시스이다. 사막에 사람이 많이 살고 적게 사는 것은 물의 양이 좌우하고, 잘살고 못사는 것은 석유의 양에 따라 결정된다. 석유와 천연가스의 산출량에 달려있다. 오만은 석유와 천연가스가 산출되는 나라이다.

오만의 면적은 남한의 3배가 되지만, 인구는 400만명에 불과하다. 땅의 대부분이 바위로 된 사막이다. 바위로 된 건조지형이다. 사막(沙漠)은 모래바다이지만, 돌 바다 석막(石漠)이라야 맞다. 오만의 사막은 대부분이 석막이고, 모래사막은 1/5에 불과하다. 오만의 해안은 돌산이지만, 계절풍이 불어서 비가 제법 내린다. 내륙의 취락은 지하수를 이용하는 오아시스이다. 오만에도 바다에 이르는 강은 없다.

오만의 서쪽은 예멘, 북쪽은 사우디아라비아와 UAE가 있다. 바다건너 이란, 파키스탄, 인도와 가깝다. 오만은 지정학적 가치가 높다. 인도, 이란, 파키스탄, 남쪽에는 아프리카 대륙이 있다. 오스만 제국이 중동을 장악했으므로, 중세 유럽 가톨릭국가들은 동양과 육로 실크로드를 이용하기 힘들었다. 아프리카 대륙을 둘러, 인도로 가는 길을 모색했다. 포르투갈 인, 바스코 다 가마는 동쪽으로 길을 택하여 아프리카 남단을 거쳐 아라비아 해를 가로 질러 인도로 가는 길을 찾았다. 오만은 인도양으로 가는 길목에 있다. 인도를 가는 길을 연 포르투갈은 오만의 무스카트(Muscat)를 중심으로 무역 허브를 만들었다. 포르투갈은 오만의 무스카트를 바스코다가마가 항로를 발견 이후 142년 간 식민지 거점으로 삼았다.

오만의 바닷길로 아시아와 아프리카대륙을 잇는 요충지이므로, 오만의 무스카트 문명이 일어났다. 오만 제국을 건설하여 한때 이란의 호르무즈 해협 연안, 아라비아 반도의 바레인, 카타르, UAE, 오만, 예멘을 장악하였고, 아프리카의 동해안 소말리아, 탄자니아, 케냐, 모잠비크의 동해안까지를 지배하는 대 제국을 건설하였다. 그 기반은 오만의 지정학적 위치와 무스카트에서 생산되는 농산물이었다. 그러나 뛰어난 항해술을 가진 신식무기 대포와 총으로 무장한 포르투갈 군과는 전쟁이 안 되었다. 포르투갈 뒷자리를 영국이 차지하였다. 지금까지도 오만에서 영국의 영향은 크다. 글을 아는 사람은 영어를 할 줄 안다. 이웃하는 작은 나라들, 예멘, UAE, 바레인, 카타르와는 역사가 다르다. 무스카트는 지금은 오만의 수도이고, 계절풍으로 연간 강우량이 400mm나 된다. 사람이 살기 좋은 곳이었다.

원주민은 베두인 족이다. 베두인 족은 유목민, 이동하는 민족이란 뜻이고, 오만은 아랍말로 정착민이란 뜻이다. 일찍이 물을 이용해서 농사를 짓고 가축을 방목하였다. 최근 오만정부는 유목을 하고 있는 베두인 족을 물과 주택을 마련해 주어, 정착을 유도하고 있지만, 오랜 전통으로 유목생활을 영위하는 경우가 있다.

중동의 나라들이 모두 독재를 하고 있다. 민주주의 사상이 지구상에 도입 된지 100년이 넘었는데도 아직도 절대왕권을 고수하는 있는 나라들이 있다. 대부분이 이슬람국가들이다. 통치하는 자는 독재처럼 편한 정치는 없다. 이슬람국가들은 서로 독재를 닮아가고 있다. 시민은 민주주의를 배우고 있다. 유목생활을 하는 데는 필수적으로 족장이 있고, 족장은 우리의 동장이나 이장이 아니고, 부족을 통솔하는 절대 권력을 가지고 있다. 경작민족의 행정관과 다르다. 매우 독립적이다. 낙타과 양을 이동하여 방목지를 찾아야 하는데 단체생활을 해야 하고, 의견을 들어 한 사람이 결정을 해야 하고, 따라야 한다. 불복하는 경우에는 처벌이 아니더라도 물을 구할 수 없어 자연사 할 수밖에 없다. 족장의 지위는 바로 그 부족의 왕이다. 부족들이 모여서 왕을 만든다. 생사여탈권을 가진다. 물론 혼자 결정하는 하는 것이 아니고, 부족회의를 거치기도 하고 오랜 경험과 지식을 바탕으로 한다. 사실 유목민에게는 부동산의 개념이 없다. 모두가 동산이다. 물과 풀을 따라 이동해야 한다. 가축이 전 자산이다. 어디가면 물이 있고, 풀이 있는지, 경쟁자와 적이 있는지를 알아야 한다. 그리고 언제 어떻게 이용을 해야 하는지도 알아야 한다. 이동은 뜨거운 낮을 피하여 밤이나 새벽을 이용한다. 표지가 될 만한 지상물이 없다. 하늘의 별자리를 보고 이동한다. 이슬람에서 천문학이 발달한 이유이다. 베두인족은 별자리를 모르는 사람이 없다. 사막지방에는 뜨거운 낮을 피하고 밤에 이동을 많이 한다. 그 족장의 권위와 권력이 지금도 남아 독재왕권이 형성된 이유가 된다. 2011년 중동의 봄이 왔을 때에도 오만에서는 왕을 퇴진하라는 시위는 없었다.

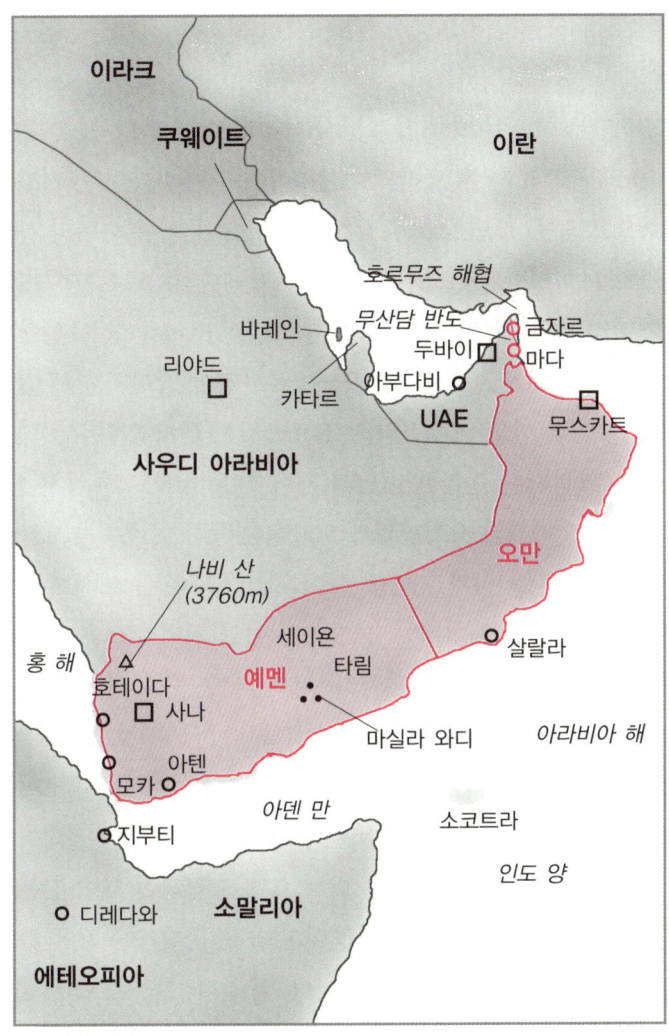

오만과 예멘

## 15.5 오만의 역외영토

오만은 호르무즈 해협의 당사자이다. 세계의 병목이라는 '호르무즈 해협'은 오만과 이란사이에 있는 바다이다. 지도 상으로 언뜻 보면 호르무즈 해협은 UAE와 이란 사이의 바다로 보이지만, 지도를 확대하면 아랍에미레이트의 영토가 아니라 오만의 역외영토 (비지, 飛地, Exclave), 무산담 (Musandam) 반도 이다. 반도는 호르무즈 해협에 직면해 있다. 무산담 반도 끝에 쿰자르(Kumzar) 마을이 있다. 500년 전 포르투갈이 건설한 식민지 취락이다. 쿰자르의 위치는 호르무즈 해협과 오맘만과 인도양을 마주하는 매우 중요한 요새이다. 대서양과 지중해 사이 지브롤터 같은 위치이다. 지금은 작은 마을이지만, 쿰자르는 어업 기지이고 주로 참치와 정어리를 잡는다. 여기의 주민은 보통 두 개의 집을 갖고 있다. 하나는 쿰자르에 있고, 또 하나는 카사브(Khasab)에 있다. 여름에는 너무 뜨거워서 쿰자르에는 살지 못하고, 카사브로 간다. 주로 5월에서 9월까지이다. 석회암 절벽이다. 쿰자르(Kumzar) 마을은 너무 오래 고립되어 있어 같은 이슬람이지만, 형식이 다르고 이 마을로 들어가는 길은 없고 유일하게 배로 접근이 가능하다. 섬 같다. 인구는 1,378명이 살고 있다. 주변은 절벽으로 둘러쌓여 있고, 산으로는 통행을 할수 없고, 유일하게 바다로 접근 할수 있다.

카사브(Khasab)는 무산담(Musandam)반도에 있는 제일 큰 도시이다. 인구는 1만7천 명 도시이다. 주변에 해안으로 생긴 절벽 지형 때문에 아라비아의 노르웨이라고 불리는 피요르드 지형이다. 오만에서 휴가를 오는 사람들이 많지만, 거주민은 주로 인도인, 파키스탄인, 방글라데시인이고, 식당, 수퍼마켓, 식료품가게, 호텔 영업을 하고 있다. 인접한 UAE에서 고속도로 E11와 연결되어 있다. 오만과는 페리보트가 운영되고 있다. 카사브는 포르투갈인의 항해를 위한 전진기지로 건설되었다. 인도양 왕래를 위하여 물과 식량(대추야자)을 공급하였다.

무역은 이란과 거래한다. 지금 미국이 이란을 규제하고 있으므로 밀수를 많이 하고 있다. 호르무즈 해협이 대형 유조선이 많이 다니는 항로이므로 해협을 가로지르는 항해는 큰 유조선의 항로에 방해가 되므로 금지하고 있다. 기후는 사막기후이지만, 계절풍의 영향으로 겨울에는 비가 있다. 산에는 나무 한그루 없는 암석산과 절벽으로 이루어져있다. 여름 기온은 사람이 사는 지역으로는 가장 덥다. 캘리포니아의 데스밸리보다 더 뜨겁다. 포르투갈이 세운 등대 방어를 위한 카사브 성이 있다. 호텔도 5개나 있어 관광객을 수용 할 수 있다. 오만의 또 하나의 역외영토는 마다(Madha)

이다. UAE영토 내에 있다. 마다(Madha)는 무산담과 오만의 중간 지점에 있다. 면적은 75㎢이다. 재미있는 현상은 오만의 영외영토 마다 내에 또 UAE의 역외영토가 있다. 그러니까 밖에는 UAE, 그 안에 오만의 영토 마다, 마다 내에 UAE영토 나와(Nadha)가 있다. 2중 구조이다. 달걀 껍질 속에 흰자, 흰자 속에 노른자가 들어있는 형국이다. 한 민족국가가 한 부족을 지배 하지만, 사막의 경우 족장의 주장이 있고, 독립성이 강해서 민족국가 내에 부족국가가 나타난다.

우리에게는 퍽 낯선 정치문화이지만, 사막의 유목생활의 부족국가에서 민족국가로 발전하는 과정에서 부족의 독립성이 강하여 일어나는 현상이다. 유럽에서도 여러 곳에서 나타난다. 봉건영주가 민족국가가 되면서 이웃 나라 편을 들면 독립 후 이런 비지(飛地) 현상이 일어난다. 남부 네덜란드 영토에 벨기에 영토 바를레(Baarle, 76.3㎢)라는 작은 마을이 있다. 그중에 네덜란드 영토를 바를레 나소(Baarle-Nassau)라고 하고, 벨기에 영토는 바를레 허토그(Baarle-Hertog)라 부른다.

나소지역은 개신교지역이고, 허토그지역은 가톨릭지역이다. 네덜란드와 벨기에도 작은 나라이지만, 그 안에서도 이렇게 복잡한 토지소유문제가 있는 것은 당시 영주들 간의 토지소유와 종교문제가 국경과 함께 나누어진 탓이다. 하나의 식당 안에도 반은 네덜란드영토이고 반은 벨기에 영토이다. 한 때 네덜란드 식당은 먼저 문을 닫아야 하고, 벨기에 식당은 2시간 늦게 문을 닫게 되어 있었다. 손님은 한 식당안에서 네덜란드쪽에서 식사를 하다가 종료시간이 되면 벨기에 쪽으로 옮겨 식사를 했다. 지금도 그대로 두고 있는 것은 한 국가내의 다른 소유권에 따른 문화가 관광자원이 되고 있기 때문이다. 둘다 솅겐지역이므로 출입에는 문제가 없다. 나도 모르게 지나간 일인데 EU 코트라 허장신 전 본부장이 내게 알려주었다.

## 15.6 바레인

바레인은 작은 나라이다. 국가의 규모가 얼마라야하는 표준은 없다. 그러나 나라가 너무 작으면 외교와 방위를 할 힘이 없다. 아라비아 반도에 작은 나라들이 여러 개 있다. 바레인은 아시아에서 몰디브, 싱가포르 다음으로 작은 나라이다. 인구 160만명, 면적 780㎢이다. 이 작은 나라가 자력의 힘으로 독립을 할 수가 없었다. 페르시아 만의 작은 나라들과 마찬가지로 페르시아 만을 지나가는 무역선에 해적질을 하다가, 포르투갈의 식민지, 영국의 식민지를 거쳐서 독립을 했다. 포르투갈이나 영국도 처음에는 해적질을 하고 살던 나라들이었다.

 석유가 나왔다. 2차대전이 끝이 나고 민족주의 운동이 일어났다. 세계각지에 식민지를 갖고 있던 영국 식민지에서 민족 독립운동이 일어났다. 2차대전 전만 하더라도 식민지 원주민은 활이나 창이 주 무기였다. 전쟁 중 영국은 급한 나머지 병력이 모자라 식민지 주민도 무장을 하여 전쟁에 끌어들였다. 전후 독립을 약속했다. 오리발을 내 밀었다. 민족운동이 일어나고 식민지군은 독립군으로 변신을 하여 영국을 향하여 총부리를 겨누게 되었다. 같은 무기, 같은 전술을 갖고 싸우므로 진압이 쉽지 않았다. 독립의 길을 열어 주었다.

 어떻게 독립을 시켜주는 것이 사후관리가 편할 것인가를 고민한 것이 영국의 식민지 외교사이다. 아라비아 반도에 살고 있는 부족들을 하나의 국가로 통일시켜주면 말을 잘 들을 때는 편리하지만, 말을 듣지 않을 때는 큰 적이 된다. 가능하면 작은 나라로 나누어 독립을 시켜주면 국가 간의 이해관계가 있어, 대동단결 할 일이 없다. 나누어 통치하는 것이다. 작은 부족도 독립을 원하면 각각 독립을 시켜주었다. 예멘, 오만, 카타르, 바레인, 쿠웨이트로 독립을 했다. 그렇게 해서 석유산지가 있는 바레인은 작은 국가이지만, 따로 독립을 얻어냈다.

바레인은 섬이다. 사우디아라비아와 섬 바레인 간에 긴 다리, '킹 파드 대교(King Fhad Causeway)로 연결하였다. 25㎞이다. 영종도를 잇는 다리, 인천대교(21.38㎞) 모양과 매우 흡사하다. 농업은 총생산에 1%도 안 되고, 전적으로 외국에서 수입한다. 주로 사우디아라비아이고 다음은 이란과 파키스탄과 인도에서 수입한다. 석유산업과 관광산업이 위주이다.

바레인은 이슬람 국가이지만, 시아파이다. 중동에서 시아파가 다수인 국가는 이란, 이라크와 바레인이다. 이웃 아라비아 반도국가와는 달리 종교의 자유가 많이 허용되어 있다. 기독교도 14%이다. 술도 팔고 돼지고기도 판다. 사우디아라비아에 사는 외국인과 주민은 신앙의 자유와 규제를 하지 않는, 주말이면 자동차로 사우디 바레인 간 킹파드 대교로 들어온다. 종교의 자유가 인정된다고 해서 정치적 자유가 있는 것은 아니다.

시아파가 다수이지만, 실권을 잡고 있는 것은 수니파이고, 실권은 알 칼리파(Al Khalifa) 왕족이다. 칼리파 왕족은 1971년 독립할 때부터 권력을 잡았다. 모든 권력기관은 칼리파 부족들이 차지하고 있다. 같은 이슬람이지만 다수인 수니파는 실질적인 정치권력에 참여하지 못하고 있다. 그들은 경찰과 군인이 될수도 없다. 2011년 아랍의 봄에, 다수 국민을 차지하고 있는 수니파 주민들이 시위를 했다. 수니파 주민은 경찰과 군인으로 채용하지 않고, 권력이 있는 자리에는 임용하지 않는다. 모든 인권은 탄압한다. 돼지처럼 먹고 섹스나 즐기면서 복종하고 살라 이다. 국회는 상원 슈라(Shura) 40명은 왕이 임명하고, 하원 40명은 선출직이다. 종다수로 뽑는다. 임기는 4년이다. 그러나 실질적 권한은 상원에 있다. 법안의 통과는 상하원 2/3의 지지가 있어야 한다. 그리고 최종 인준은 왕이 한다.

아라비아 반도에서 인권을 이야기할 만한 나라는 없다. 국제 암네스티나 국경 없는 리포드에 따르면 아라비아반도 국들의 인권은 한심한 수준이라고 했다. 그 기본은 정치적 자유이고, 정치적 자유는 민주주의로부터 시작된다. 민주주의는 인류의 보편적 가치이다. 그러나 바레인뿐만 아니라, 아라비아나 반도의 모든 나라들이 같은 열차를 타고 있다. 인권을 탄압하는 데는 종교법을 들어 댄다. 종교는 우리나라의 보안법과 비슷하다. 우리나라에도 정부 비판을 보안법으로 다루었다. 바레인의 반정부 민주화 운동을 사리아(Sharia/종교법)으로 다스리고 있다. 사리아 법은 엄격한 조문이 있는 법이 아니다. 재판장 마음대로이다. 아라비아반도에 있는 국가는 어느 나라를 막론하고 막대한 예산을 국방비에 쏟고 있다. 큰 산맥은 이란과 사우디아라비아 이지만, 그 뒤에는 미국과 영국, 중국과 러시아가 걸치고 있다. 150만의 작은 인구의 도시 국가에서도 1만 명의 병력이 있고, 최신무기로 장착한 탱크, 항공기, 선박이 있다.

### 15.7 카타르

페르시아 만에 면한 아라비아 반도의 작은 국가들이 처해 있는 형편이 비슷하다. 사막지방의 유목국가이지만, 해안은 특별한 생산물이 없어 페르시아 만을 오가는 무역선을 대상으로 해적질을 했다. 영국은 해적 국가들(Pirate states)라고 공식적으로 불렀다. 20세기 이후 해적국가들이 벼락부자가 되었다. 광범위하게 분포하고 있는 퇴적암 층에서 석유가 나왔다. 석유와 천연가스가 나면 경제적으로 부국이고, 석유가 없으면 가난하다. 작은 부족국가가 독립을 하게 된 것도 석유 때문이다. 통치를 쉽게 하기 위하여 영국이 쿠웨이트, 바레인, 카타르, 오만, UAE로 부족에 따라 따로따로 독립시켰다. 하나로 뭉쳐 독립을 하면 큰 덩치는 저항을 할 경우 다루기가 쉽지 않다. 영국의 의도대로 식민지는 각각 독립을 했다. 모두 이슬람 국가이고 공용어로 아랍어를 쓰고 다음으로 영어이다.

아라비아 반도 맞은편에 이란이 있다. 아라비아 반도의 대국은 사우디아라비아이다. 사우디는 이슬람 중에서 수니파이고, 페르시아 만 건너 이란은 시아파이다. 중동에는 어느 국가든지 다수이냐 소수이냐의 차이가 있을 뿐 수니파 시아파가 같이 살고 있다. 국가 간에는 갈등이 있다. 종교 교리 차이라기보다는 국가의 이익 때문이다. 차이가 있다하면 차이이고, 차이가 없다고 하면 동일하다. 불교, 힌두교, 기독교, 유대 교에 비하면 시아파, 수니파는 같은 종교내의 다른 종파일 뿐이다. 그러나 같은데도 다르다고 주장한다. 동이불화(同而不和)다.

아라비아 반도는 모두가 부족국가로서 유목민족의 전통을 갖고 아직도 족장 중심으로 독재를 하고 있다. 그러나 바다건너 이란은 1979년 시민혁명으로 왕정을 뒤엎고 민주주의 공화정으로 간 국가이다. 아라비아반도의 부족국가들은 언젠가는 이 홍역을 치러야 한다고 잘 알고 있다. 2011년 아랍의 봄으로 한 차례 홍역을 치렀다.

같은 식민지 역사이다. 이슬람의 지배, 오스만 제국의 지배, 영국의 지배를 받았다. 2차대전 후 미국의 패권을 쥐게 되었고, 석유는 세계의 에너지가 되었다. 미국을 거치지 않는 나라는 없다. 지구상에서 미국과 동맹 내지 준 동맹 관계

있는 국가는 70개국이다. 국방이 필요 없는 작은 나라와 사회주의 국가를 제외하면 모두 미국의 맹방이다. 중동 땅에 알박기는 이스라엘이다. 미국이 이스라엘을 통하여 중동외교를 하고 있다. 중동국가로 봐서는 이스라엘은 미국과 영국의 힘을 빌려 무모하게 자리를 잡고 있다고 생각한다. 유대 교를 믿는 이스라엘과 이슬람 국가들이 가까이 할 수 없는 역사적 이유가 있다. '적의 적은 나의 친구' 라는 말은 외교가에서는 격언이다. 아라비아 반도와 이란은 적이고, 이란과 이스라엘은 적이다. 고로 사우디와 이스라엘은 친구가 되어가고 있다. 근간은 이란과 사우디아라비아 관계이다. 이란은 확실히 미국과 이스라엘에 각을 세우고 있다. 이란을 적대시하는 아라비아 반도 국가들은 적국의 적이므로 친구가 되어간다. 미국이 바라는 대로 만들어 가고 있다.

아라비아반도 작은 국가 페르시아 만 쪽으로 톡 튀어나온 작은 반도 국가(11만㎢) 카타르(Qatar)는 아라비아 반도 국가들과 괴를 달리하고 있다. 반도 국가들이 모두 적으로 생각하는 이란과 손을 잡고 국교를 맺었다. 이란의 주장에 편승했다. 둘째 중동에서 가장 영향력 있는 언론은 '알 자지라(Al Jazeera)' 방송 이다. 카타르 수도 도하(Doha)에 본부를 두고 있다. 카타르는 알자지라 언론사를 두둔한다. 중동에서 미국의 중동정책과 이스라엘에 대하여 비판적이다. 알자

지라 방송은 이란을 지지하고 무장테러 단체에 우호적이다. 세 번째는 카타르는 부인을 하고 있지만, 이슬람의 무장단체 이슬람 형제(Islamic Brotherhood), 알카에다(al Qaeda), 아이에스(Islamic State/IS, ISIL), 알 누스라전선(al Nusra Front)을 물심양면으로 지원하고 있다.

사실여부를 제쳐 두고라도 이런 혐의를 씌워서 아랍 국가들이 카타르에 대하여 단교를 선언했다. 참여 국가는 사우디아라비아, UAE, 바레인, 이집트, 몰디브, 모리타니, 세네갈, 지부티, 코모로, 요르단, 리비아, 예멘 등이다. 그리고 카타르의 항공기와 선박은 영공과 영해 이용을 금지시켰다. 사우디는 인접국이므로 육로의 이용만을 차단했다. 미국이 뒤에서 조종했다. 사우디아라비아와 UAE가 주동하여 먼저 카타르와 외교단교를 했다. 주변의 모든 국가들이 단교를 선언했기 때문에 충격이었다. 그러나 카타르는 이웃 이란에서 터키에서 그리고 파키스탄과 교역하고 생필품을 공급 받고 있다. 여기에 중국과 러시아가 암암리에 잘한다고 박수를 치고 있다. 카타르는 석유와 천연가스가 많이 나는 나라이다. 천연가스와 석유를 싫다할 나라가 없다. 수출 길은 항상 어디에나 열려 있다.

묘한 것은 카타르에 중동에서 가장 큰 미군 공군기지가 있다. 아라비아국가들이 적대시하는 이란과 관계를 맺고 있다. 관계가 좋지 않는 이란과 좋은 관계를 유지하고 있다는 게 미운 오리새끼가 된 이유이다. 카타르 알 우다이드(al Udeid Air Force Base/1만명 주둔)에 페르시아 만에서 제일 큰 미국 공군기지가 있다. 카타르는 이란과 가장 가까운 땅이다. 미국의 중동 최대 공군 기지의 의미는 대단하다. 카타르가 미국과 사이가 틀어지면 공군기지를 폐쇄 할 수 있다. 우다이드 공군기지는 전략무기가 드나들고, 전략의 요충지 호르무즈 해협을 엄호하고 있다.

### 15.8 쿠웨이트

쿠웨이트는 면적이 1만7천㎢, 인구는 460만명, 대구와 경북을 합한 정도이다. 작은 나라이다. 인구의 70%가 외국인 노동자이다. 대부분 인도, 파키스탄, 방글라데시, 필리핀인이다. 이웃에 큰 나라 사우디아라비아, 이라크, 이란에 둘러싸여 있다. 이 작은 나라가 독립을 유지하고 있는 것은 보호자가 있었기 때문이다. 석유 자원이 많은 부족국가를 쇠잔해가는 오스만 제국에서 떼어 내어 영국 보호국으로 삼았다. 1961년 독립을 시켜주었다. 그리고 뒤를 이어 미국이 돌봐 주고 있다. 아라비아 반도에 있는 산유 국가들의 운명과 비슷하다. 기름이 나기 전에는 작은 부족국가로 해안에서 어업과 무역을 했다. 인도서 들어오는 무역품은 오만의 무스카트, 쿠웨이트, 바그다드, 알레포, 이즈미르를 거쳐 콘스탄티노플과 무역을 했다. 모두 쿠웨이트를 거쳐야 했다. 그 요충지는 오스만 제국의 지배를 받았다. 오스만을 벗어나기 위하여 쿠웨이트는 자진해서 1899년 힘이 더 센 영국의 보호국을 자청했다.

쿠웨이트가 1988년 이라크-이란 전에 말려들어간 이유가 있다. 쿠웨이트는 이란 이라크 전에 어부지리를 노렸다. 종전 후 이라크 후세인은 쿠웨이트 왕에게 차관 650억불을 탕감해 줄 것과 이라크의 루말리아(Rumalia)유전에서 불법으로 채굴한 석유에 대하여 배상을 요구했다. 쿠웨이트는 미국을 믿고 No 했다. 후세인은 쿠웨이트를 공격했고, 이라크 영토에 편입시켰다. 1990년 8월이다. 쿠웨이트 왕은 사우디 아라비아로 망명했다. 후원자인 미국이 가만있을 리 없다. 미국은 다음해 2월에 이라크를 공격하고 쿠웨이트에 실지를 회복시켰다. 이라크의 침공으로 1천여명의 쿠웨이트 인이 살해당하고, 600명은 행방불명이 되었다.

10년 뒤 미국은 2001년 9월11일에 테러를 당했고, 그 배후로 후세인을 지목하였다. 2003년 화가 난 부시는 신무기를 사용하여 이라크를 공격하여 2주일 만에 초토화시켰다. 한국도 미국의 요청으로 이라크에 대군을 파병했다. 당시 나는 17대 국회 국방위원이었다. 미국의 파병요청에 미국과 관계가 별로 좋지 않았던 노무현 대통령은 매우 난감해 했다. 거절을 하면 한국에 주둔하고 있는 미군을 빼 갈 것이라 했다. 할 수 없이 파병을 결정 했다.

2005년 쿠웨이트를 간 일이 있다. 이라크 아르빌에 있는 자이툰 부대를 방문하기 위해서였다. 비행 항로는 터키에서 이라크로 들어가는 것이 지름길이고 안전했다. 하지만, 그 항로를 택하지 못했다. 한국이 파병지역을 이라크 아르빌로 정했다. 아르빌에는 이라크의 쿠르드 족이 살고 있다. 터키는 한국군의 쿠르드 족이 살고 있는 아르빌 파병을 달갑지 않게 생각했다. 쿠르드 족은 터키에 골칫거리인 민족문제가 걸려 있다. 터키 영토를 통하여 민간인이 이라크로 들어가는 길을 허용하지 않았다. 우리의 가는 길도 UAE의 두바이로 가서, 환승하여 쿠웨이트로 들어갔다. 그리고 육로로 이라크 남부 알 아사드(미군기지, Al Ashad)로 가서 한국 공군기를 타고 아르빌로 들어가야 했다. 후세인의 바트당이 완전히 소탕되지 않아서 수시로 로켓포 공격이 있다고 했다. 공군기는 대공포를 피하기 위하여 곡예비행을 해야 했다. 우리 앞서 노무현 대통령이 같은 코스 같은 비행기를 타고 다녀왔다.

쿠웨이트에서 1박을 하는 동안 쿠웨이트 대사가 파티를 주선했다. 국회의원이 공무로 가면 작은 나라는 대사가 영접한다. 보통 그렇게 한다. 그날 파티에 쿠웨이트 국회의원이 두 명 초청되었다. 한국인만 대접 하면 저녁식사이고 외국인사가 포함되면 파티가 된다. 주재국의 저명인사를 모시고 파티를 몇 번했느냐는 작은 나라 대사의 업적이다. 파티를 통하여 쿠웨이트 정보를 얻고, 통상을 한다. 이슬람의 흰 옷을 정장한 국회의원은 당일 국회에서 여성에게 투표권과 운전허가를 하는 법안이 가결되었다 했다. 2005년 일이지만, 아라비아반도의 국가들 중에서는 처음 있는 일이었다. 파격적이라 했다. 여성 인권에 대하여 시기상조라는 투로 말을 했다. 관심이 있어 물었다. 쿠웨이트는 중동에서는 가장 민주주의가 잘되는 입헌군주국이다. 그럼에도 국회는 있지만, 정당은 없다. 왕은 국회해산권이 있다. 보통 민주주의를 하는 나라는 아니다. 대사관은 치외법권 지역이므로 맥주와 양주를 내놓았다. 두 의원은 맥주 캔을 단숨에 마셨다. 그리고 양주를 맥주잔에 채워 마셨다. 쿠웨이트는 금주국가이다. 음주 처벌은 곤장 60대이다. 100대 맞으면 죽는다. 귀족은 상관하지 않는 듯했다.

## 15.9 쿠웨이트 35

중동에서 가장 긴 교량은 쿠웨이트 만을 가로지르는 세이크 자베르 코즈웨이Sheikh Jaber Al-Sabah Causeway이다. 현대 건설이 수주하여 5년 만에 완성하였다. 연 인원 64만 명, 총공사비 2조7000억이 소요된 메가 프로젝트 였다. 쿠웨이트 시에서 쿠웨이트만을 건너 북부 시까지 총연장 36.1km, 육상 8.6km, 해상 27.5km, 세계 4번째로 긴 다리, 양쪽 교량을 합하면 48.5km 우회로는 120km, 1시간 30분 소요되는 거리를 자베르코즈웨이 36.1km 건설로 20분 거리로 단축하였다. 북부에 인구 75만의 대 도시 건설을 계획하고 있다.

사실상 2개의 교량 프로젝트이다. 첫째 프로젝트는 쿠웨이트 시에서 신도시 실크시티Silk city와 연결하는 교량이고, 또 하나는 쿠웨이트 시와 쿠웨이트의 유락시설과 연결하는 교량이다. 이 프로젝트는 쿠웨이트 2035년 종합개발계획(Kuwait National Development Plan 2035)의 일환이다. 쿠웨이트뿐만 아니라 중동에서 가장 큰 토목공사이다. 긴 교량은 36.1km, 짧은 쪽 12.4km는 합하여 48.5km의 교량 건설공사였다.

2013년 11월3일에 착공하여 2018년에 완공하였다. 총 공사비는 3조원 규모이다. 쿠웨이트는 대형프로젝트를 통하여 석유와 가스의 경제 의존에서 탈피, 관광등 경제의 다변화를 모색하는 과제이다. 아라비아 반도의 모든 석유 부자 국가들이 석유자원의 고갈에 대비하여 취하는 경제정책이다. 석유는 얼마 있지 않아 고갈될 자원으로 판단하고 있다. 그러므로 석유이후에 무엇을 먹고 살 것인가를 산유국들은 모두 걱정하는 과제이다. 쿠웨이트는 〈New Kuwait 2035/경제개발계획2035년〉을 수립하였다.

쿠웨이트는 입헌군주국이다. 석유매장량은 세계 7위 1,000억bbl이 매장되어 있다. 아라비아 반도 중에서 가장 잘 나가는 왕국이었으나, 제2차 중동전에 휘말려 이라크가 쿠웨이트 점령하고 또 수복하는 과정에서 엄청난 정치적 변화를 거쳤다. 그러는 동안 UAE와 카타르 등은 발 빠르게 대안을 마련하였다. 특히 UAE는 관광과 물류산업에 집중투자하여 중동경제의 중심이 되고 있다. 쿠웨이트가 여기에 자극을 받아 새로운 길을 모색하고 있다. 쿠웨이트의 2035종합개발계획은 인프라를 구축하여 석유의 대체산업을 육성하는 계획이다. 쿠웨이트의 지정학적 위치는 아랍국가들 중에서 가장 좋은 위치이다. 석유를 대량으로 수출하는 UAE에서 대형 원자로를 건설하여 전력을 생산하려는 것은 석유가 고갈되어서가 아니라, 석유시대 이후를 내다보는 경제정책이다. 쿠웨이트도 마찬가지이다.

쿠웨이트는 사우디아라비아, 이란, 이라크의 한 중간에 있고, 북쪽으로 터키를 중심으로 중동의 인구 밀집지역이다. 지정학적 위치가 아라비아 반도 중에서는 중심이다. 중동에서 한국건설회사의 이미지는 대단히 좋다. 쿠웨이트는 한국에 원유를 가장 많이 수출하는 나라이다. 연간 1억6천만 배럴, 쿠웨이트 원유생산량의 13%에 해당한다. 우리나라에게는 원유공급이 1위국은 사우디아라비아이고, 다음은 쿠웨이트, 3위는 이라크이다. 쿠웨이트의 석유는 1위 한국 16.8% , 2위 중국 14.4%, 3위 일본 9.6% 순위이다 (2016년). 우리가 많은 석유를 수입하는 대신에 건설 수주도 많이 땄다. 1975년 대림이 건설을 수주한 이래로 누게 483억불(2015)을 수주했고, 한국은 사우디, UAE 다음으로 3위의 건설을 수주했다. 한국의 주요 수출품은 승용차, 철강판, 전선, 차단기 변압기 등이다. 교민은 2000명이고, 장기체류자는 400명이다.

걸프전 이후에 미군 1만2천명이 주둔하고 있다. 쿠웨이트는 걸프전 이후 안보를 최우선과제로 선정하고 있다. 노동인구의 80%가 해외 노동자이다. 인도, 파키스탄, 필리핀, 방글라데시 아시아인이다.

## 에필로그

 국가도 사람과 마찬가지로 전쟁도 하고 성장하고 쇠퇴한다. 그러나 오래 되었다고 늙고 병들지 않는다. 신생국가라고 빠르게 성장하는 것도 아니고, 오래되었다고 병드는 것도 아니다. 인간이 살기 때문에 항상 변화한다. 시대에 맞는 변화를 하지 못하면 개인이나 국가는 망한다. 서남아시아는 사막이고 석유가 나고, 이슬람을 믿는다. 인류문명을 꽃피운 곳이다. 건조 지방의 최대 자원은 물이었다. 20세기 전쟁의 소용돌이를 만든 석유가 지나가고 있다.

 전쟁에 휘말리지 않은 나라가 없다. 16개국 모두가 힘에 겨울 만큼 국방비를 쓰고 있다. 전쟁을 위하여 아니면 전쟁을 막기 위하여 무기를 사들이고 군대를 키운다. 군대는 방위만 하는 것이 아니라 비대한 군부는 내정을 간섭한다. 군대가 내정을 간섭하면 제대로된 국가로 발전하기 힘든다. 군대는 시장경제와 민주주의를 저해하기 때문이다. 석유가 많이 생산된다. 석유도 얼마 있지 않아 고갈될 자원임을 안다. 산유국들은 걱정하고 준비를 하고 있다. 석유 판돈으로 엄청난 투자를 하여 인프라를 구축하고 있다. 많은 노동력이 필요하다. 산업인력은 인도와 파키스탄, 필리핀이 인력의 공급처이다.

잘 사는 길은 평화를 모색하는 길이다. 평화를 하려면 민주주의를 해야 한다. 베두인의 문화가 걸림돌이었다. 부족장의 결정에 따라 부족의 운명이 달려있던 부족문화가 민주주의 정치를 하기에는 적당치 못했던 모양이다. 중동의 봄은 아프리카에서는 꽃을 피우는데 성공 했지만, 서남아시아에서 꽃봉우리만 맺은 채 떨어졌다. 민주주의가 태동을 하고 있다. 그러나 아직이다. 한참이나 시간이 걸릴 것이다. 통치자들은 어떻게 왕권과 독재정치를 유지 발전 하는지를 이웃국가로부터 서로 배우고 있는 듯하다. 한편 시민은 민주정치를 배우고 있다.

**기획시리즈 발간에 부쳐**

우리에게 디지털 시대에 적응하는 순발력도 긴요하지만, 넘치는 정보의 심층과 맥락을 해독하는 지적 안목이 더욱 절실하다. 지금은 평생토록 공부하는 '학습사회'다. 이런 지적 안목과 학습능력은 일차적으로 책 읽기를 통해서 길러진다. 우리가 책을 읽는 것은 결국 자기 자신을 해독하는 과정이다. 삶이 앎으로 엮인 책들이 모여 세상은 그만큼 좋은 쪽으로 바뀐다.

이런 취지에서 사회적협동조합 〈지식과세상〉은 '읽고 쓰기'의 틈새를 메워주는 '작은책' 시리즈를 기획했다. 그 첫 번째 기획으로 김윤상 선생님(경북대 명예교수)의 『토론으로 찾아가는 이상사회』(2021.01)를 냈다. 두 번째로 양승영 선생님(경북대 명예교수)의 『어느 지질학자의 삶과 앎』(2021.06)을 출판했다. 이어 서종문 선생님(경북대 명예교수)의 『우리문화와 판소리』(2021.07)를 냈다.

이번에는 박찬석 선생님(전 경북대 총장)의 『서남아시아: 사막, 석유, 테러, 이슬람의 나라들』을 발간하기로 했다. 제목에서 보는 것처럼, 이 책은 중동지역에서 사막-석유-테러-이슬람에 얽힌 문명사적 함의를 지리학자의 시각에서 역동적으로 기술하고 있다.

〈지식과세상〉은 이 '작은책' 기획시리즈가 자라나는 세대에게 말이 글이 되고 글이 곧 삶이 되는 그런 창구로 활용되기를 바라마지않는다. 그리고 현장교사들에게는 이 기획시리즈가 교과지도나 진로지도의 자원으로 두루 활용되기를 바란다. 나아가 시민들의 평생교육과정에서 '서로 배움'의 매체로 우리의 기획 시리즈가 두루 활용되었으면 싶다.

이 책을 집필한 박찬석 선생님은 지리학자로서 평생을 살아오신 분이다. 선생님은 경북대 직선 총장을 두 번이나 했고, 대구 지식인사회를 대변하는 국회의원(17대)을 역임한 지역 어른으로 두루 알려져 있다. 하지만 그보다도 우리들은 선생님만이 해낼 수 있는 탁월한 강의내력과 저술에 주목한다.

선생님은 약 20년 가까이 대구에서 시민강좌로 〈세계지리산책〉 강의를 꾸준히 꾸려왔을 뿐만 아니라, 그 내용을 책으로 출판하는 저력을 보여주셨다. 특히 〈세계지리산책〉

에서 네 번째로 출판된 『러시아와 그 이웃나라들』(2020)은 2021년 문화관광부 세종도서 교양부문에 우수교양도서로 선정되기도 했다. 지금도 선생님은 〈지식과세상〉에서 매주 화요일 〈세계지리산책: 아프리카〉편 강의(31회)를 진행하신다. 2022년에도 아프리카편 지리산책은 마냥 이어질 것이다.

2021년 12월  
〈지식과세상〉사회적협동조합  
'작은책' 편집위원장 김병하

# 색인

6. 25전쟁 · 144
카불 강 · 27
'3불' 선언 · 180
2035종합개발계획 · 278
5개 신조 · 231
622년 · 230
6일 전쟁 · 170
8천m 산악인(eight thousanders) · 43
9.11 · 20
9.11 · 87
B61 · 150
BAE · 236
BP · 246
CIA · 83
E11 · 250
EU · 121
G20 · 200
G20 · 240
GS건설 · 74
IAEA · 55
ISIL · 113
ISIL · 132
ISIS · 113
Jujube · 109
K2 봉 · 41
K9 자주포 · 149
LNG · 96
MGK · 148
NATO · 149
NATO · 27
OECD · 15
OPEC · 79
palm date · 109
peshmerga · 126
PKK · 123
PPP당 · 54
SWCC · 218
Tit for Tat · 174
U2기 · 150
UN의 제안 · 170

ㄱ

가디언쉽(Male Guardianship) · 228
가브리엘(Gabriel) · 229
가스공사(KOGAS) · 96
가자 지구 · 171 · 172 · 176

간다라(Gandhara) · 32
갈릴리 호수 · 179
갠지스 강 · 40
거품 · 188
걸프(The Gulf) · 61
걸프전(Gulf War) · 87
게르 · 241
게이 · 188
게토(ghetto) · 190 · 194
곤륜(Kunlun) · 42
골란 고원 · 171 · 178
공동체 · 204
괴뢰정부 · 116
구루 나나크 · 47
구트라(goutra) · 242
국가보위부 · 237
국가안보위원회 · 148
국경무역 · 173
국방군(IDF) · 172
국방위원 · 20
국제인권 · 229
군부 · 140
군사동맹국 · 38
군우리 · 144
군인의 나라 · 149
권력영지 · 237
길기트(Gilgit) · 46
김선일 · 112
김성태 · 252
김은자 · 146

ㄴ
나비(Nabi) · 254
나스닥 · 202

나와(Nadha) · 264
낭가파르바트 · 45
네이비 실(Navy SEAL) · 26
노랑 떡 · 93
누르 울 아인(Noor-ul-Ain) · 82
누리 알 말리키 · 133
눈물의 계곡(Tear Valley) · 28
니나와 · 124
니캅(Niqap) · 227
님 · 222

ㄷ
다라 · 156
다마반드 산(5,610m) · 63
다마스커스(Damascus) · 155
다시루트 사막 · 63
다시카빌 사막 · 63
다윗 · 184
다후크 · 124
담수화 · 216
대량살상무기 · 88
대장금 · 76
대추 · 109
대추야자 · 109 · 246
도조 히데키(東條英機) · 107
도하(Doha) · 270
돌궐 · 140
동 예루살렘 · 171 · 176
동인도회사 · 51
두라니(Durrani) · 29
두르즈 · 181
두바이 · 244
두산중공업 · 217
두테르타 · 228

286 사막·석유·테러·이슬람의 나라들

디스코텍 · 186
디아스포라 · 169
디얄라 · 124
디젠고프 쇼핑 센터 · 186

ㄹ

라군 · 102
라빈 수상 · 180
라빈 · 173
라스 알 카힐 · 217
라시룸(Dina Ali Lashloom) · 228
라왈핀디 · 54
라이스 · 126
라카(Raqqah) · 100
라호르 선언 · 58
라호르 · 58
랍비(Rabbi) · 196
럼스펠드(Rumsfeld) · 85
레바논 내전 · 161
레반트 · 152
레자 샤 팔라비 · 66
레콘키스타(Reconquista) · 169
로버트 조르단 · 239
로체 · 160
루말리아(Rumalia) · 274
루바이스 · 250
리그베다 · 29
리승만 박사 · 83
리야드 · 216 · 232

ㅁ

마다(Madha) · 263
마르마라(Marmara) · 137
마르단(Mardan) · 33
마실라(Masilah) · 254
마카 로얄 · 230
마카(Makkah) · 229
머스켓 소총 · 143
메디나(Medina) · 229
메르세르(Mercer) · 105
메소포타미아 강 · 14
메소포타미아(Mesopotamia) · 84 · 98
메카 · 211 · 229
명예살인 · 228
모샤바 · 207
모샤브 · 207
모술 · 132
모슬렘 · 148
모카 마타리 · 255
모카(Mocha) · 255
모헨조다로(Mohejodaro) · 47
몸값 · 20
무굴제국 · 28 · 51
무바라크 · 156
무사라프 · 54
무산담 반도 · 262
무스카트(Muscat) · 258
무슬림 · 65
무어인 · 169
무자히딘(Mujahedin) · 24
무하마드 · 229
문디각(Mundigak) · 31
문명의 충돌 · 141
물라(Mulla) · 23
미드라쉬(Midrash) · 195
미인박명 · 85
민병대 · 130
민족국가 · 128

ㅂ
바그다드 · 84
바라다(Barada) · 155
바라카 원전 · 250
바락 수상 · 180
바르자니 · 126
바를레(Baarle) · 264
바미얀(Bamiyan) · 25
바빌로니아 · 92 · 99 · 128
바스라(Basra) · 96 · 102 · 106
바스코 다 가마 · 258
바이든 · 27
바자(Bazar) · 68
바지파이 · 58
바트당 · 88
박정희 · 73
반공법 · 225
반군(FSA) · 158
반다르 · 236
발로치스탄(Baluchistan) · 46 · 57
발포아(Balfour) · 176
백상기 · 145
베나지르 부토(B. Bhutto) · 53
베네치아 · 195
베두인(Beduin) · 206 · 210 · 218
베이루트(Beirut) · 159 · 162
벽란도 · 240
보통국가 · 15
부르카(Bruka) · 24 · 227
부시 대통령 · 93
부족장 · 211
부족장회의 · 235
북부의 진주 · 132
북예멘 · 253

분리관할지구 · 177
분리구역 · 184
브라마푸트라 강 · 40
비잔티움 · 142
빅게임(Big game) · 30
빈 라덴 · 25
빈 살만 · 235
빈 압둘라 · 237
빈 타랄 · 237

ㅅ
사나(Sanaa) · 254
사다트 대통령 · 81
사리아(Sharia) · 234
사리아 · 225
사마르칸트 · 29
사막의 맨하탄 · 254
사법거래 · 237
사와다(Sawda) · 214
사우드 · 210 · 230
사우디아라비아 · 209
사울 · 184
사파냐(Safanya) · 107
사파르딤(Sefardim) · 190
사하공화국 · 12
사해 · 176 · 179
사해문서(Dead sea Scrolls) · 165
산업국가 · 21
산업화 · 140
살만(Bin Salman) · 234
삼위일체 · 202
새뮤엘 헌팅톤 · 141
샘물교회 · 20
생활공간 · 198

샤리프 · 58
샤박(SAVAK) · 68
샤트 알 아랍 · 86 · 102 · 106
서구화 · 141
서아시아 · 13
서안 · 21
서울 길 · 61
선악과 나무 · 106
설산(雪山) · 43
성노예 · 133
성소수자 · 188
성전(Jihad) · 114
세계 인권선언 · 224
세르파(Sherpa) · 44
세속주의(secularism) · 148
세욘 · 256
세이욘(Sayon) · 254
세이크 · 223
세한(Ceyhan) · 130
셀주크 · 142
소아시아 · 137
소피아 성당 · 142
속죄일 · 180
솔로몬 · 184
쇼말리(Shomali) · 63
수메르 · 128
수미산(須彌山) · 45
술래마니 · 124
술래이만 · 145
쉬투피 · 207
슈그르 · 156
스리마일아일랜드 · 251
스탄 · 21
스테이지 클럽 · 187

시나이 반도 · 174
시리아 · 153
시리아의 봄 · 157
시온이즘(Zionism) · 177
시케 · 154
시크교 · 47
신의 선물 · 104
신의 집 · 230
실크시티 · 277
십자군 · 152
싱(Singh, 숫사자) · 47
쓰레기 하치장 · 195

ㅇ
아나톨리아 · 100 · 137
아덴 만 · 209
아라라트(Ararat) · 123
아라비아 만 · 209
아라파트 · 173
아랍정상 회담 · 180
아르간다브(Arghandab) · 31
아르메니아 · 122
아르빌(Irbil) · 89 · 124
아리비아 로렌스 · 211
아바(Aba) · 227
아바(Abah) · 214
아바야(abaya) · 242
아보타바트 · 26
아부다비 · 244
아브라함 · 141
아사드 댐 · 131
아사드 호(Lake Assad) · 101 · 155
아사드 · 156 · 157
아소카왕 · 32

아슈케나짐(Ashkenazim) · 190
아스 주바르(Az Zubayr) · 96
아시르(Asir) · 214
아싸비아(asabiya) · 220
아이유브 · 184
아일라 · 145
아제르바이잔 · 122
아케메네스 왕국 · 64
아편 · 25
아프가니스탄(Afghanistan) · 19
아프로포 카페 · 186
알 사드 · 127
알 사우다 · 214
알 아사드 · 275
알 우다이드 · 273
알 자지라(Al Zajira) · 98 · 155 · 270
알 칼리파(Al Khalifa) · 267
알 큐르나 · 108
알 하사카 · 101
알라 · 15
알라위트 · 157
알레포 · 154
알렉산더 · 28
알렉산드리아 도서관 · 103
알리 부토 · 53
알리피 사원 · 81
알카에다 · 25
알프레드 킨제이 · 188
암만(Amman) · 163
압바스 왕 · 89
압바스 왕조 · 90
앙카라 교육원 · 145
야르콘(Yarkon) · 186
야포(Jafo) · 186

양피지 · 167
엘부르즈(Elburz) 산맥 · 63
역삼투압 · 217
역외영토 · 262
예루살렘 · 170 · 182
예멘 · 253
예시바 · 200
오르메르트 수상 · 180
오마르 · 184
오바마 · 200
오스만 제국 · 140
오슬로 협정 · 174
오일쇼크 · 78
오잘란 · 123
오토만 제국 · 142
오토만터키 · 142
와디 · 22
와디럼(Wadirum) · 165
와하비즘 · 241
왕족 법 · 233
요르단 강 · 164 · 179
요르단 · 164
요르단의 서안 · 171
용산 · 150
우다이 · 132
우루두 · 53
울라마(Ulama) · 235
울타리 없는 감옥 · 175
움 카사르 · 108
웨스트 뱅크 · 176
위그르족 · 121
유대인 왕국 · 184
유대인구역 · 183
유령의 군대 · 130

유로 · 119
유시민 · 220
유프라테스 · 84
유홍준 · 103
의료관광 · 165
이란 · 60
이마마 · 235
이맘(목사) · 68
이븐 바투타 · 29
이븐 카사티르(Ibn Kathir) · 231
이븐 할둔(Ibn Khaldun) · 220
이스라엘 세켈 · 172
이스라엘 · 168
이슬라마바드 · 37
이슬람 국가(IS) · 112
이슬람 형제 · 272
이슬람교 · 51
이슬람국가 · 132
이슬람포비아 · 12
이코노미스트 · 236
이희수 · 72
인권감시기구 · 229
인더스 강 · 27
인치르크(Incirlik) · 150
일한국 · 90
일한국 · 99
임오군란 · 150
임종석 · 252

ㅈ
자고로스 · 129
자그로스 산맥 · 63
자르다리 · 54
자르카 (Zarqa) · 164

자말 카쇼기 · 223
자메이카 블루마운틴 · 255
자문위원회 · 233
자베르 코즈웨이 · 277
자본보호법 · 162
자연법칙 · 198
자유언론 · 229
자이툰(Zaitun) · 89
자이툰 · 125
자이툰 · 85
잠무 캐시미르(Jamu - Kashimir) · 39
잠자지 않는 도시 · 186
적도지방 · 13
전시작전권 · 151
제국 · 143
제다(Jeddah) · 216
제다(Jeddah) · 229
제다 · 232
제라드 다이아몬드 · 13
제라드 다이아몬드 · 50
제라시(Jerash) · 165
제임스 폴리 · 112
제프 구드윈 · 65
조로아스터교 · 99
조지 맬로리(G. Mallory) · 43
조지아 · 122
중동 · 15
중동의 봄 · 156
중동의 파리 · 162
중위도 고기압 · 13
지능의 진화 · 199
지아 · 53
지하드(jihad) · 134
지혜의 집 · 91

진주 · 246

ㅊ
차가이-1 · 56
차스다(Charsadda) · 33
창업 도시 · 185
창업 · 202
천산 산맥 · 22
천일야화 · 108
체르노빌 · 251
초고리 산 · 41
침략군의 무덤 · 30

ㅋ
카다피 · 156 · 219
카라치(Karachi) · 41
카라코람 산맥 · 22
카라코룸(Karakoram) · 21 · 38
카레이스키 · 189
카바(Kabba) · 230
카바트 · 131
카불(Kabul) · 21
카사브(Khasab) · 262
카시카르 · 37
카우르(Kaur, 암사자) · 47
카이버(Kyber) · 27
카이시(Qaysis) · 219
카일라스(Kailas) · 45
카타르(Qatar) · 270
카탄(Qahtan) · 219
카터 · 68
카트(Qat) · 255
칸다하르(Kandahar) · 21
칼 안드레 · 222

캐시미어 옷 · 39
케반(Keban) · 100
콘스탄티노플 · 241
콘이세 베이루트 · 162
콜간 총리 · 80
쿠데타 · 65 · 148
쿠르드 · 120
쿠빌라이 · 90
쿠사이 · 132
쿠쉬나메(Kush-nameh) · 72
쿤제랍(Kunjerab) · 37
쿰자르(Kumzar) · 262
큐라시(Quraysh) · 230
클린턴 · 173
키루스(Cyrus) · 64
키르쿠크 · 124
키부츠 · 203
키오스크 · 160
킬룩 · 130
킹 파드 대교 · 267

ㅌ
타르(Thar) · 47
타바카 댐(al Tabqa Dam) · 100
타이프(Taif) · 232
타크타크 · 130
탄화수소(Hydrocarbon) · 77
탈레반 · 19 · 23
탈무드(Talmud) · 195
탈원전 · 250
터키공화국 · 142
테러 · 15
테러리스트 · 133
테헤란로 · 61

텔아비브(Tel Aviv) · 185
토라(Torah) · 195
토브(thobe) · 242
투와이타(Tuwaitha) · 93
투키디데스 · 64
투투 · 223
티그리스 · 84
티베트족 · 121
티하마(Tihamah) · 210

ㅍ

파라 디바 · 82
파미르 고원 · 22
파미르(Pamir) · 27
파슈툰(Pasthuns) · 28
파운드 · 172
파타(Fatah) · 173
파티의 수도 · 186
팔레스타인(아랍 인) 구역 · 183
팔레스타인 · 169 · 175
펀자브 지방 · 46
페르시아 만 · 61
페르시아 제국 · 62
페르시아 · 128
페사와르(Peshawar) · 33
페쉬메르가 · 130
페트라(Petra) · 165
평화협정 · 164
폐샤와르(Peshawar) · 28
폭탄테러 · 165
폭탄테러 · 253
폴 케네디 · 140
풀브라이트 · 147
프랭크 가드너 · 238

프리덤하우스 · 235
피코트 · 154

ㅎ

하디스(Hadith) · 234
하렘 · 144
하마 · 154
하마스(Hamas) · 173
하마스 · 186
하미드 카르자이 · 26
하브루타(Havruta) · 195
하브루타 · 200
하시시(아편) · 33
하와이 코나 · 255
하지(Hajji) · 230
한국수자원공사 · 250
한류 · 76
할라바 · 124
할레 · 194
함께 · 207
해리슨 · 219
해외전사 · 134
해적 국가 · 269
핵무기 · 52
헤라트(Herat) · 26
헤르만드(Hermand) · 24
헤르몬 산 · 178
헤르몬 · 155
헤자스(Hejaz) · 232
헬레니즘(Hellenism) · 32
현대화 · 140
현장 · 39
형제 회 · 145
혜초 · 39

호르무즈 해협 · 62 · 78 · 262
호메이니 · 68
홀로코스트 · 191
홉스 · 154
홍구 · 196
황석영 · 245
후세인 · 84
후쿠시마 · 251
훈자 · 41
훌라구 · 90

흑인구역 · 196
희생양 · 168
히말라야 산맥 · 22
히브리 어 · 190
히잡 · 211
힌두교 · 51
힌두쿠시 산맥 · 22
힌두쿠시(Hindukusch) · 42